爆款农特产
实战 手册

毛志勇 易 旸 周晓凤 著

中国农业出版社

北 京

前　言

　　当前，我国各地农特产品的品牌创建热潮已成燎原之势。但部分地方政府和企业在品牌培育上存在急功近利的倾向，缺乏整体把握和配套举措，往往做个规划、搞个推介、得个排行，就认为品牌工作大功告成，农特产品就能成为"爆款"，这种"重生产轻品牌""重评比轻培育"行为的结果可想而知。事实上，打造爆款农特产品的核心逻辑就是品牌培育，这项工作贯穿农产品供给体系全过程，覆盖农业全产业链、全价值链，是农业综合竞争力的重要标志。未来，农特产品市场竞争的制胜法宝不再主要取决于规模，而是取决于是否拥有高品质和差异化的品牌优势。

　　经过 8 年多的实践，我们创建并深度服务运营了 10 多个农特产品牌。古语云：例不十，法不立。在积累了 10 个以上品牌的培育经验，并取得了一些市场持续认可的成绩后，我们经过梳理总结，将这些经验形成文字。

　　这本书没有华丽的辞藻，记载的是一些实实在在的农特产品牌培育实操方法。书中的每个案例，都是我们一手一脚干出来的，也是投入自有资金实践得来的。换言之，书中的这些方法，我们从头至尾操练了多遍，每个步骤和环节都是用真金白银去实施的。从这个角度讲，每个品牌都是一台"碎钞机"，但能否变成"储钱罐"，最后变成"提款机"，要靠市场来检验。

　　农特产品能否成为爆款，建立品牌信誉是关键。在农特产品的品牌培育实践过程中，我们特别注重讲好品牌故事，努力让品牌品位与受众精准匹配，不断强化品牌名称及品牌内涵与营销的关联度，注重品牌营销活动的市场转化，持续提升品牌美誉度。相较于众多企业普遍认为品牌是农产品营销以及实现产品溢价的手段，我们认为，品牌是一切营销活动的最终结果。因此，农特产品的品牌培育必须是一项长期工作，需要大量资金、资源的持续投入，"久久"方能"为功"。

著　者

2024 年 8 月

目 录

爆款农特产品的
四步方法论

　　爆款的核心逻辑，就是品牌。培育品牌和打造爆款其实是一件事情。

　　从商业层面讲，品牌的定位、包装、传播和营销，最终的目的是要实现商业价值。这个价值，一定是生产者和消费者共同认可并均能受益的价值。比如，品牌农产品应该给生产者和供应者带来一定的交易溢价并得到社会认可，能够给消费者带来美好的品质体验乃至更高层次的精神文化获得感，但又不至于在价格上使消费者感到太大的压力。总之，品牌应该为满足大众的美好生活需要服务，实现生产者有尊严和消费者有自由的平衡，这是品牌农业的题中应有之义。从品牌是生产者（品牌所有权方）与消费者共同培育的角度理解，如果没有一定程度的消费自由，就不可能存在消费者参与、互动的机会，产品也将失去品牌化的可能性，生产者尊严必将沦为孤芳自赏。反言之，如果生产者不能从产品的品牌化过程中获得应有的尊严，包括一定的货币化回报与积极的消费者反馈，那么产品的品牌化过程甚至连产品的生产供给都有可能中断，消费者自由也将变成镜花水月。

　　笔者团队认为，做农业类的品牌，如果说与其他领域的品牌有什么区别的话，那就是农业类的品牌"含情量"比较高。根据美国学者玛格丽特·马克和卡罗·S.皮尔森的品牌原型理论，所有的好品牌都契合了人类的某种心理原型，接通了人类的某种原始情感，代表了人类的某种人生意义，可以借用人类的原力。农业作为与人类相伴时间最长、与人类解决生存危机须臾不可分离的第一产业，天然地被人类倾注了更多的情感，从而拥有更多的"含情量"。

从"含情量"出发，让品牌兼顾农民尊严和消费自由，这是农业品牌培育的最终目的，也规定着农业品牌培育工作的方法论。

新农财团队将品牌培育方法论分为定位方法论、包装方法论、传播方法论和营销方法论，这种划分主要是为了论述方便，并非说明这几个环节之间有天然的界限，恰恰相反，这几个环节是互联互动、互相渗透的。

一、品牌定位方法论

定位已经成为营销工作中的一种底层思维，虽口不曾言，但心必有之，且无时不在，无处不用。品牌定位的具体方法，一般包括如下几个步骤。

（一）挖掘一个故事

如上文所说，打造品牌的起点是产品要有"含情量"，而"含情量"只能以故事作为载体。如果一个产品没有故事做背书，品牌培育者宁愿放弃这个产品，除非这个产品非常稀缺。但是，如果这个产品经常处于稀缺状态，它怎么可能没有特别的故事，只是这个故事有待挖掘罢了。

故事为什么如此重要？因为人类从诞生之初，就是听着各种各样的故事长大的，尤其是在没有文字的人类早期阶段，人类史表现为精彩故事的集合，也就是各种各样的传说。可以说，人类对故事的需求，是与生俱来的；人类对故事的接受，是不设心防的；人类对故事的传播，是主动为之的。因此，故事具有低成本、高触达性、高接受度和高转发率的特点，能不着痕迹地将产品卖点和情感带出来。正因为如此，品牌的构成，一定是有物、有人、有故事，"见物又见人"。品牌的名字最好直接来源于这个故事，这样品牌名字与故事之间就可以形成记忆联动。

（二）突出一种功能

从营销上讲，突出一种功能就是设计一个卖点。农产品是给消费者食用的，不是纯粹的文化产品，必须具备基本的食用功能和一定的感官价值，也就是要拥有物质属性方面的功能。一般来说，同类产品都具有类似的食用功能和感官价值，但在功能的强弱程度上会存在若干差异，有时这个差异会显得特别大，从而表现为一定的独特性，这就为提炼产品的功能提供了机会。如果某个产品的主要食用功能，比如糖度、糖酸比、水分含量、焦核率、化渣程度等，存在超出同类产品的优异性并且能有稳定的表现，这个功能就比较容易提炼。如果在主要食用功能的指标上差异不明显，就可以考虑突出感官价值的某个指标，比如气味是否更香，表皮是否更滑，果皮是否更薄，颜色是否更红，口感是否更脆等。通过全盘比较后，落脚在一个功能上，集中力量表达。这是整个品牌培育工作的基础，只有品质功能的根系足够健壮，品牌价值才有可能长成参天大树。

（三）表达一种情感

什么是好故事？除了故事本身的情节和结构要吸引人外，故事中还要含有人类共同的正面情感，例如勇敢、善良、孝顺、义气、仁爱、奉献、忠诚、执着、慈悲等，这些情感是每个人与生俱来的，不是从外部输入的，这样就具备了让消费者产生共鸣的可能性。这类故事，一定要是关于人性的故事，可以是当代故事，也可以是历史故事，但历史故事中的正面情感能投射到当代，让当代人

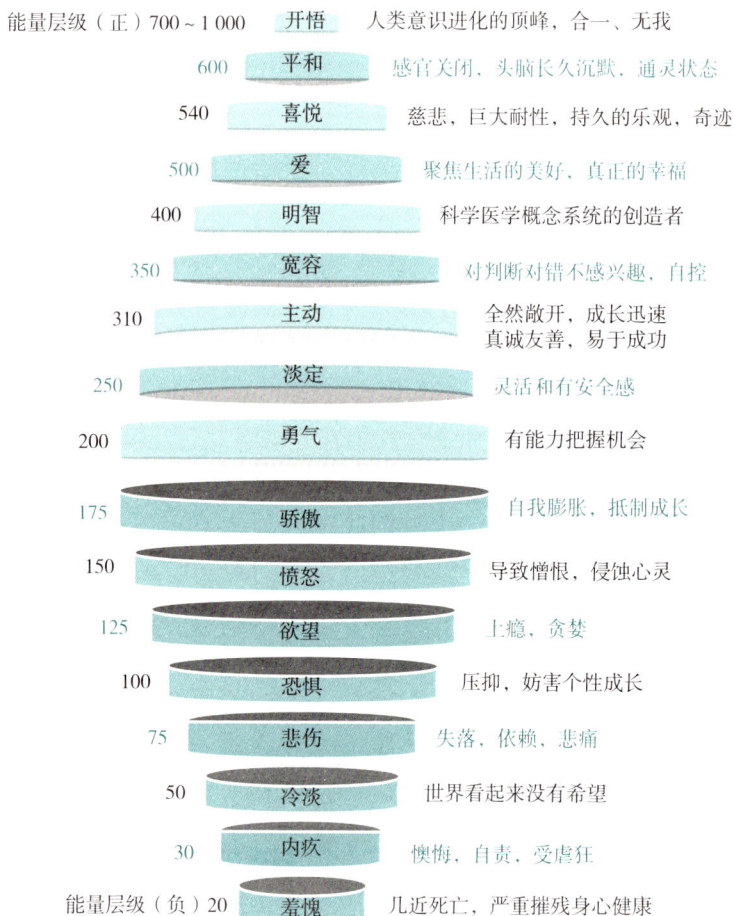

能量层级（正）700~1 000	开悟	人类意识进化的顶峰，合一、无我
600	平和	感官关闭，头脑长久沉默，通灵状态
540	喜悦	慈悲，巨大耐性，持久的乐观，奇迹
500	爱	聚焦生活的美好，真正的幸福
400	明智	科学医学概念系统的创造者
350	宽容	对判断对错不感兴趣，自控
310	主动	全然敞开，成长迅速 真诚友善，易于成功
250	淡定	灵活和有安全感
200	勇气	有能力把握机会
175	骄傲	自我膨胀，抵制成长
150	愤怒	导致憎恨，侵蚀心灵
125	欲望	上瘾、贪婪
100	恐惧	压抑，妨害个性成长
75	悲伤	失落，依赖，悲痛
50	冷淡	世界看起来没有希望
30	内疚	懊悔，自责，受虐狂
能量层级（负）20	羞愧	几近死亡，严重摧残身心健康

霍金斯能量等级表

也能拥有这种情感，甚至产生升华。如果一个故事含有多种情感，就要抽取其中最为鲜明或突出的一种并进行提纯，这是整个品牌培育工作的灵魂。需要注意的是，品牌故事所表现的情感，与试图突出的产品功能之间能在逻辑上形成自洽，并且能强有力地耦合在一起。例如，品牌故事所表现的是一种主人公执着钻研的匠心精神，而产品所突出的功能点是经过反复试验后品质达到了最佳状态，这两者就能耦合起来。表面上看，耦合这个步骤是在对功能和情感提炼完成之后才实施的，但实际上"意在笔先"，在分别提炼出两者之前，大脑中已经对两者进行了关联、匹配和耦合。

（四）升华一种意义

如果说情感是自然涌现的，那么意义则是需要人为实现的。追求人生意义，体现了人经过理性思考后对人类动物性和个人生存的超越，是人格的自我完善和价值的终极实现。将人生意义投射到品牌上，并通过品牌所属的产品去实现意义，品牌也就拥有了这种意义。举例来说，品牌故事的主人公，对特定的对象非常孝顺，则可以说这个品牌蕴含了孝顺这种情感，但如果仅仅停留在这个阶段，尚不能说这个品牌拥有了意义。如果这个品牌的产品和相关行为能从孝顺这种情感出发进行延伸，老吾老以及人之老，在客观上帮到更多需要帮助的人，并且在主观上认为这种助人是让自己变得更为完善，这时就可以说，这个品牌拥有了意义。品牌是意义的凝结，是意义的体现，当人们看到某个品牌，就知道拥有它会带来什么意义。如果说情感能引起别人的共鸣，那么意义则可以唤起别人的行动。意义能让素不相识的人找到彼此，能汇聚价值拥护者的力量，它是打开消费者心锁的密钥，是唤醒消费者原力的秘咒。

📝 **划重点**

品牌定位要处理好以下几组关系：

①一和多的关系。情感或者功能的表述，不能贪多求全，高大全式的人物和故事既不可信，更不可爱；多功能的产品不可能做到样样拔尖，反倒可能是样样普通。在某些条件下，一大于多，因为"一"能被人记住和选购；"多"则不如"一"，因为"多"没有特点和差异性，入不了消费者的法眼。

②物质和精神的关系。按马克思主义经典理论的论述，物质决定精神，但精神相对于物质具有一定的独立性，而且有巨大的能动性和反作用，也就是说，某种精神若能接通人类心中本来就有的情感，唤醒人类的原力，就可以拥有巨大的能量。

③生产者和消费者的关系。品牌是生产者和消费者共同投资、创造和拥有的，但在时间顺序上首先是生产者投资的，培育一个不能体现生产者价值的品牌是自杀；同时，品牌又是为消费者存在的，打造一个不能体现消费者价值的品牌是自嗨。生产者和消费者是一组对立统一的关系，因为身份不同而对立，通过产品购销而统一。生产者和消费者的关系之所以能做到统一，从品牌的角度分析，是因为双方所需要的具体价值取向——生产者最在乎的品牌溢价和可持续的市场变现，消费者最看重的产品功能品质以及某种能与他产生共鸣的情感或意义——能且只能通过这个桥梁连接起来。在品牌共创的过程中，生产者价值和消费者价值逐步形成动态平衡，这也意味着，品牌的定位及后续操作不能牺牲任何一方的价值，必须兼顾生产尊严与消费自由。

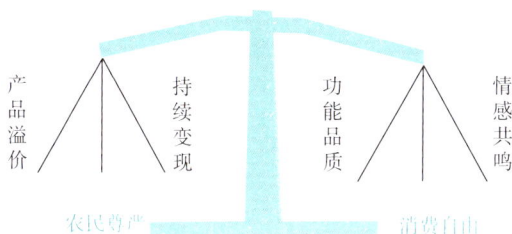

产品溢价　持续变现　功能品质　情感共鸣

农民尊产　消费自由

二、品牌包装方法论

如果说品牌定位是内涵，品牌包装就是外形，在这个看脸的时代，外形不好，轻则让内涵的价值大打折扣，重则让内涵的价值化为乌有，甚至变成负资产。品牌包装的具体方法有如下几个步骤。

（一）再现一个品牌故事

品牌故事既可以用来听和说，也可以用于看、嗅和触摸，人类的五种感官体验，哪一种都不应该被品牌包装和传播轻易放过。产品的各种品牌包装，一定要忠实地再现品牌故事，突出产品的品牌情感和功能特点。再现的形式可以天马行空，手段可以丰富多样，但主题只能与品牌故事中所表述的情感和功能相关。以视觉体验为例，既然是再现故事，就要力求场景化，讲究直观性，让人一眼就能看明白这个品牌故事的内涵。凡是让人看一眼留不下印象，或者说留下印象的元素与故事主题无关的品牌包装，在故事再现方面都不算合格，即使它的画面十分精美，材质非常高档，也是失败的包装。

（二）确定一个主要符号

每个人都有这样的体验，看了或听了一堆广告，最后记住的只有一两个符号，这个符号可能是视觉方面的，也可能是听觉方面的。农产品天生就有很强的符号性，这个符号可以是农产品的外形再创作，可以是当地的名山大川，可以是著名人物，可以是历史典故，可以是文学歌曲，甚至可以是神话传说等。但这些符号，必须紧扣品牌故事的主题，能够展现品牌的某种情感或功能，或者至少能为品牌的某种情感、功能提供依据或背书。如果有多个符号，则要有主有次，主次排序的依据依然是与品牌故事的相关性，切忌生拉硬扯一些无关的符号装点门面。

（三）提炼一句品牌口号

品牌口号是人们在品牌包装环节最爱推敲的一个部分，尽管它也可能是记忆唤醒度最差的一个部分。无论某个产品包装配图有多差，用色有多乱，人们看过之后多少会留点印象，但要是被问起这个产品的品牌口号是什么，多半是一脸茫然。为何会形成这种反差？主要原因就是操作者没有掌握人们对画面和文字的接受规律。对于画面，人们用的是大脑的右脑，即感性思维的一面，只要冲击力强，不管画面是否具有合理性，总能记住一星半点。但对于文字，人们用的是左脑，即逻辑思维的一面，对于那些一眼看过去就像是推敲出来的广告口号，比如文绉绉的书面语，人们要么直接忽略，要么较劲一番，但过后还是没有什么印象，无论哪种做法都不符合品牌方的期

望。更好的做法，就是把广告口号取得更感性一点，让右脑在看画面时顺带把口号一块接受了，不给左脑启动逻辑思维的机会。具体到操作上，根据霍普金斯《科学的广告》主张以及 USP（独特的销售主张）理论，品牌广告的唯一目的就是实现销售。广告口号必须建立在精准传递品牌的情感或功能价值的基础上，让消费者明白购买产品能够获得什么利益。广告口号必须是独特而有销售力的，要强有力地聚焦在一个点上，集中力量打动消费者。

（四）挑选适配包装材料

在农产品的包装材料方面有两个错误倾向：一是认为包装材料一点都不重要，结果消费者收到产品后，看到包装外盒惨不忍睹，别说食用，就连打开包装盒的兴趣都没有；二是包装材料非常高档，甚至远超产品本身的价值，这种形式大于内容的包装，非但不会增加消费者对该品牌的好感，反而可能会引发消费者对品牌的厌恶甚至抗拒心理。正确的做法，就是选用能恰当体现品牌价值和符合产品特点的包装材料。例如品牌价值承诺了新鲜，就要选择具有保鲜功能的包装材料或辅助材料；比如农产品的特点是自然、环保，就不能选用非环保、不可降解的材料。

划重点

品牌包装要处理好如下几组关系：

①形式与内容的关系。形式是为内容服务的，如果包装形式大于内容，或者形式不能正确、充分体现内容的价值，都会给品牌价值减分。

②传统与创新的关系。由于农产品存在与山川风物的天然联系，中国有大量的传统文化历史资源可供农产品包装使用，但这不等于品牌包装要做成"老古董"，传统的文化素材

完全可以与最新的包装方法以及高科技材料融为一体，从而更好地体现品牌价值。

③符号与口号的关系。品牌包装一般是视觉的对象，在具体设计再现品牌故事的包装外盒时，符号的重要性大于口号，这是由大脑的工作规律决定的——谁的接受成本低就先接受谁。一旦选定了能代表品牌价值的符号，就要大胆地以符号为视觉中心来展开整体包装设计，这也是某些客家特产采用围龙屋形状包装盒的原因。至于品牌口号、logo（商标、徽标）等，都要围绕这个符号来排列。如果是有声包装，则口号的重要性可能会大于符号，因为相对于视觉，听觉的接受成本更低一点，也许不需要经过大脑的思考。

三、品牌传播方法论

有了品牌定位和品牌包装后，接下来就是帮品牌找到消费者，这主要是品牌传播的功能。严格来说，并不是此刻才开始寻找消费者，而是在品牌定位阶段就通过品牌故事筛选消费者，与消费者构建某种关系，并在品牌与消费者的双向传播过程中发生实质关系。因此，当用户见到该品牌的产品时，不会说"这是什么呀"，而会说"我好像在哪里见过它"。

（一）地方政府背书

无论在东方还是西方，农业都受到政府扶持，只是扶持的方式和力度有所不同。21世纪以来，中国对农业扶持的力度越来越大，并且相较于经济上的支持，政治上的重视更是举世罕见，这为农业品牌培育提供了非常好的政府背书机会。只要从事的产业属于当地的主导产业范围，或者能带动小农户增收，或者具有高科技含量，或者能与当地的其他主导产业形成互补、融合等，就能得到当地政府的认可和背书。企业被政府背书的方式有很多种，比如成为农业龙头企业，其产品成为名特优新产品，其基地成为政府认证的某种示范基地，参与政府组织的推介活动……形式多样，总有一款适合你。政府背书的最大好处，就是提供了公信力的权威认证，这种认证在世界上绝大多数地方，包括市场经济发达国家都很有效。

（二）权威媒体报道

有吸引人的故事，加上政府的背书，品牌得到权威媒体的报道是水到渠成的事情。这里需要注意的是，作为品牌的拥有者，在向不同的媒体输出品牌故事时，一定要做到一致性；在谈论产品的功能特点时，一定要注意真实性；在展望品牌接下来的行动计划时，一定要考虑可行性。媒体报道固然会扩大品牌的知名度，但如果品牌的信用存在问题，媒体带来的知名度必将反噬品牌，这样做的后果，轻则竹篮打水一场空，重则偷鸡不成蚀把米。尽管当前是媒体发达和信息爆炸的时代，但权威媒体报道的价值仍不可替代，它与政府一起为品牌做了双重认证，在后续其他媒体报道和品牌传播中可以反复引用。

（三）内容持续更新

品牌传播不存在毕其功于一役的说法，产品的知名度永远都不嫌高，要发扬日拱一卒的精神，让品牌为更多的人所了解。权威媒体不可能经常报道一个企业品牌或产品品牌，持续报道的工作主要靠企业自身承担。不用担心自己不够专业，不要嫌弃自己流量太小，最需要考虑的是自己的内容是否符合品牌定位，以及每次更新的内容对用户是否有价值。这个问题的优先级，远高于内容的表现形式是什么，报道的标题怎么拟，选择哪几个平台发布，内容更新的频次如何，等等。有必要区分的是，该品牌产品是以企业直销为主还是靠渠道分销为主，如果是后者，对内容的要求不会太高，大多数致力于培育品牌的企业应该都能做到持续更新内容。

（四）节点活动造势

内容持续更新的基本要求是细水长流，但如果一年中不来几次乘风破浪，就会流于平淡，直至出现审美疲劳。这就要求品牌操作者要善于出击，在重要的时间节点，策划活动，整点动静。做农业特别是种植业的好处，是产品的物候期比较确定，这样基本上规定了产品的重要节点有哪些，而在这些重要节点政府都会主动搭台，集聚各类相关资源，品牌拥有者只要借势而为即可。策划什么活动，邀请何人到场体验，如何与消费者互动，怎么做出影响，要根据品牌的定位去具体策划设计，始终牢记策划活动的目的是强化消费者对品牌定位和产品功能的认知，而不是热闹一场最终得了个寂寞。

划重点

品牌传播要处理好以下几组关系：

①政府背书和企业作为的关系。政府为了保供稳产，促进产业发展，调整产业结构和帮助农民增收，会认定符合条件的一些企业、品牌、产品和基地，给予荣誉和政策扶持，这为企业对外传播品牌提供了背书，便于"在宏观上造势"。但企业的产品、品牌要传播到更多地方和用户，并最终得到市场认可，仅靠政府背书是不够的，更需企业自身积极作为，借力打力，拓展更大的市场，即"在微观上造市"。

②权威媒体和自媒体的关系。权威媒体打头炮，是有机会帮助品牌打响知名度的，但权威媒体毕竟属于公共性质，不可能事无巨细地报道一个企业或产品品牌培育的全过程。这个阶段，要靠企业持续不断地输出内容，把权威媒体营造的声势维持住并且拉抬得更高。而且，企业持续更新积累了大量一手

素材后，又为权威媒体的再次报道在内容方面做好了铺垫。

③持续更新和节点造势的关系。企业持续更新内容是常态，而策划活动节点造势是非常态，只有做好了常态化的持续更新，非常态的活动造势才有基础；如果造势取得成功，又会反过来为常态化的工作注入能量，激活常态化的工作。如果只有一面倒的常态化细水长流，品牌传播就激不起多少浪花，最终有可能沦为一潭死水。

④企业自身信息和消费者内容的关系。一般来说，企业乐于发布自我视角的信息，特别是正面信息，但消费者对于企业或产品的评价、建议或需求，则很少被报道。报道较少的原因，主要还是缺乏以消费者为中心的意识，不能做到主动听取、收集和整理消费者对于企业或产品的反馈。上文谈到，消费者是品牌不可或缺的创造者之一，没有消费者内容的品牌传播，是不可能有感染力的。

四、品牌营销方法论

培育品牌，最终还是为了销售产品，特别是对销售期短、溢价不高的生鲜农产品来说，快速动销的意义尤为重大。虽然营销工作最终是为了达成销售，但没有传球过人就没有最后的临门一脚，营造销售氛围这项工作不可能省略，它的意义不仅在于促进当期销售，更是为品牌价值的可持续变现铺路搭桥，添砖加瓦。具体来说，品牌营销包括以下几个步骤。

（一）制定一套品牌产品供应标准

国务院原总理李克强曾经提出，要用发展工业的方式发展现代农业。这个思想如果用于培育农业品牌，很有启发意义。工业产品的最大特征就是标准化，农业产品特别是种植类产品虽然由于温、光、水、土、气、种、肥等的综合影响，在形成初级产品时标准化率相对较低，但并不意味着农业产品不应该搞标准化，恰恰相反，这正是做农业品牌工作的抓手。成功品牌的要诀之一是敢于做出承诺然后予以兑现，如果别人在产品标准化方面不敢承诺，而你敢于承诺；别人承诺了做不到，而你能做到，就为培育品牌提供了非常好的切入点。需要注意的是，在制定品牌产品供应标准时要切合实际，如大小、重量、糖度、水分含量、农药残留量、重金属含量等指标，一旦做出承诺，就必须兑现，而且最好是高标准兑现。另外，在起始阶段，一种产品不宜制定太多标准，应该先做好一到两个标准，再根据实际情况进行扩展。包括产品、包装、物流等在内的品牌供应链标准化，是提高消费者体验好感度和满意度的关键所在，也是满足和超越消费者期待的重要组成部分。

（二）生产环节开始品控

在品牌化农产品的销售中，品控的重要性越来越高。目前的品控重点，是在采摘、分拣、预冷、包装和物流等环节，这几个环节如果能做好，肯定有利于做到品牌的标准化。从非生产基地主人的品牌操作者角度来看，做好这几个环节已经足够，基本可以确保产品的标准化率，从而兑现品牌承诺。对于想做品牌的生产基地主人来说，如果只在这些环节做品控，已然落后了。其实，品控的最佳环节是在生产阶段，如果生产阶段的品控做好了，不仅可以提高产品的成品率，还能节省从采摘开始的一系列品控环节成本，增收效果非常明显。生产环节的品控，主要是通过栽培、肥水和植保等方面的调控，让更多产品达到品牌化商品所列标准的要求，特别是拥有品牌定位中强调的具体产品功能。这样可有效避免做了品牌反而赔钱的悲剧——大部分产品因为达不到品牌标准只能低价处理。

（三）动员社会力量参与

农民是弱势群体，农村是乡愁的寄托对象，农业具有一定的公共产品性质。在拥有政府背书和确保产品品质的前提下，动员社会贤达为品牌无偿代言或进行某种形式的品牌传播是不难办到的；如果品牌拥有者能承诺将部分产品收益用于公益事业，或者本身已具备良好的公众形象，则把握更大。表面看，社会贤达是在为某个产品代言，但实际上是为品牌所表达的某种情感或意义代言，这种情感或意义吸引了他，让他的心灵受到了触动或震撼。即使是无偿代言，在选代言人时也要坚持原则：首先是代言人与品牌的相关性强，比如地域相关、领域相关、爱好相关、精神气质相关等，避免代言广告或文案出街时，消费者发出"他（她）跟这个产品完全不搭啊"的质疑；其次是代言人形象正面，对品牌所定位的消费者有正面影响力，并且正面影响力越大越好；三是在设计代言文案或广告时，要更加突出品牌所蕴含的情感或意义，通过代言人的能量把这种情感或意义放大，而不仅仅是请他（她）们宣传某个产品。总而言之，代言人与品牌之间要有某种令人信服的关系，而且代言人能站在消费者视角去理解和传播这个品牌，并与消费者进行互动。

（四）选择合适销售渠道

在做品牌化销售之前，一定要客观评估自身的实际状况，明确产品是向消费者直销还是依托渠道分销，也就是 To C 还是 To B 的问题。如果是前者，对于国内的几个线上大平台，企业可以根据自身的经济实力和产品线的丰富程度去选择，但是有一点要做好心理准备，开旗舰店之类的企业直营店只是一个开始，后续的营销投入才是重点；如果只做一两个品类的生鲜品牌，To B 才是更好的选择，特别是在有政府背书、一定的品牌知名度和良好的品控能力的前提下，不愁找不到销售渠道。在产品产量远大于自身品牌化销售能力的情况下，可以考虑为一些品牌做贴牌，虽然在消费端不能呈现自己的产品品牌，但可以显示企业品牌，有利于提高企业知名度。更为重要的是，与各类渠道合作，不仅能共享渠道的有关资源，也能锻炼提升自身的供应能力，为条件成熟时转型做直销打下坚实的基础。

✎ 划重点

品牌营销要处理好以下几组关系：

①当前利益与长远利益的关系。做品牌追求的是长期利益，如果为了当下利益违反品牌产品供应标准的要求胡乱对外供货，看似做到了利益最大化，实则损害了品牌价值，透支了品牌的未来利益。

②产前品控与产后品控的关系。相对来说，产前品控比产后品控的周期更长，需要改变原有的一些生产方式和方法，也有可能会增加投入，而且这种投入很可能不会马上转化为效益，但对于立志做品牌的企业来说，这是值得做的。对于品牌所要求的标准化，产前品控相对于产后品控具有显著的优势，摊到每个产品的成本更少，单个产品的收益更高，而且可以在生产阶段重点培育品牌价值所要求的功能，与品牌故事所彰显的品牌意义也更为契合。当然，产后品控也不可或缺，毕竟农产品不可能做到完全的标准化，产后品控可以最大限度地展现产品功能和改善品牌体验。

③To C 与 To B 的关系。一般来说，做品牌的市场主体难以抗拒 To C 的诱惑，也因为如此，我们见证了许多企业疯狂烧钱血本无归的惨剧。在实力不济的情况下，借船出海，让利上市，依托各种渠道先把产品卖出去，也就是 To B 乃为上策，只要在这个过程中能亮出自己的产品品牌或企业品牌，

就向成功迈出了一步。To B 做好了，再启用一个全新品牌 To C，是水到渠成之事，但不建议使用已在 B 端与人合作的品牌转型做 C 端，这不仅是商业道德问题，更涉及利益结构和网络重构的问题，一着不慎则满盘皆输。若能处理好以上几组关系，企业和产品品牌的"含金量"就会得到明显提升。

　　实践是检验真理的标准。按照上述品牌定位方法论、包装方法论、传播方法论和营销方法论的理论指引，近年来新农财团队成功培育出了"种植匠"、"驮娘柚"、"山瑶脆柑"、"啵啵脆"荔枝、"夫妻树"大米和"杨华苹果"等一批受到市场持续认可的农业品牌。通过准确的品牌定位和品牌包装以及整合政界、学界、媒体等多方资源构建出极具社会影响力的品牌传播与营销矩阵，不仅让品牌深入人心，并使品牌化产品实现了溢价，同时带动一批地方特色产业扩大了知名度，提升了产业发展水平。实践证明，在遵循一套科学方法论的前提下，农业品牌实现从"含情量"到"含金量"的飞跃是完全可行的。

特色农产品打造
爆款品牌的法则

在当下的农业领域，品牌工作受到前所未有的重视，特别是在乡村振兴、品牌强农相关政策的支持下，全行业对创建和培育农业品牌的热情前所未有地高涨。政府积极打造区域公用品牌，企业用心培育产品品牌，品牌成了政府推动乡村振兴、企业参与市场竞争的重要抓手和法宝。

品牌本质上是一个典型的消费者视角，做品牌要敢于公开承诺，通过产品或服务取得消费者的信任。

那么，在品牌培育过程中，有哪些规律性的东西需要注意和把握呢？在实操过程中，又应该如何落地呢？

农产品具有两个独特性，一个是产品的独特性，一个是价值的独特性，这两个独特性锁定了农产品的品牌属性。在产品定位上，品牌化的农产品往礼品方向走是一条不错的路子，因为它有很强的概念性和差异化。在品牌营销方面，品牌一定是基于消费者并以消费者为本的品牌资产。所以，品牌应该要去适应消费者，而不是强迫消费者接受它。目前做农业品牌传播、品牌设计的，大多是强迫消费者接受品牌方的观点，大喊大叫，硬销强销。其实对消费者应该做软营销，要打开胸怀，让消费者参与进来，参与得越多，消费者对品牌的忠诚度就越高，这叫消费者的品牌价值共创。

总之，品牌培育归结起来就是两个词：关系与体验。品牌一定要和消费者发展关系，让消费者愿意参与、互动、分享。品牌里面如果看不到和消费者的关系，品牌力就等于零。

一、农产品的礼品化策略：强概念性和差异化

市场上的农产品有两类：一类是功能性产品，就是讲求性价比，用合适的价格买到合适的产品；还有一类是作为礼品、特产来销售，那么它肯定要贵一点，因为送给别人的东西，越贵才越有意义，才值得送给尊贵的客人。因此，不同的产品有不同的定位。农产品做礼品其实是很合适的，它的独特性或差异化天然地决定了适合做成礼品，这是它的一个出路。礼品里面有稀缺的因素，有情感的因素，也有社交的因素，这些因素都是值钱的，品牌讲的就是这些因素。

不过，价格不是越高越好，可以适当超越消费者对价格的期望值，但不要把消费者当成"水鱼"，这个尺度必须把握好。比如消费者购买柚子，心理价位是 20 元一个，卖家要卖 40 元，这个价格超出了消费者的预期但还不算离谱，可能会让消费者觉得产品有独到之处，愿意花 20 元的溢价去尝试一下，但不意味着他们愿意支付 100 元的溢价。那种认为农产品越贵越好，使劲薅消费者羊毛的论调，既不现实也不健康。

这种适当的溢价，是有理论依据的。有本书叫《脑中的大象》，书中谈到了炫耀性消费，就是说我购买某个产品或者服务，是为了向第三方炫耀，比如说我送这个礼品出去，就是为了表达对贵宾的尊重。以小罐茶为例，它为什么定价那么高？我们不要以为它在欺骗消费者，它其实是一种心理价位，心理价位定高是可以理解的，而且需要定得高一点。但是，高定价有个基础问题，就是产品品质

一定要非常好，否则的话，就只有一次消费而没有重复消费。

农产品有很强的概念性和差异化，支撑着它往礼品的方向走。我们送这个农产品给别人，必须讲明白这个农产品的特殊价值，即使不说明它的营养功能，也一定要讲清它的特殊性，比如地理特殊性、文化特殊性、传统特殊性等。总之，农产品被赋予很多产品之外的因素，这些因素能使产品的溢价能力提上去。

与工业产品相比，农产品在做礼品方面具有先天优势。工业产品一般是同质化的，是标准化生产出来的，所以工业品牌很难从产品本身产生独特价值，只是被人为赋予一些不一样的情感或者社会属性等。工业产品只有价值独特性，没有产品独特性，它只能靠价值或附加值的独特性，来传递品牌价值。农产品自身就具有独特性，并与它生长的区域息息相关，这样产品品牌和区域品牌都会有独特的差异化，比如清远鸡就和别的鸡不同。因此，这类农产品本身就具有品牌力，要做的只是怎样把这个品牌力通过策划、运营彰显出来。

概括起来，农产品有两个独特性，一个是产品的独特性，一个是价值的独特性，这就锁定了农业品牌的属性。所以，你给消费者送一种品牌农产品，比如三只松鼠，它首先是价值具有独特性，比如沉浸式体验、个性化服务等，如果在产品方面，它选择的是某一座山上的坚果，精挑细选，那产品本身又有了独特性，这两个独特性叠加在一起，就奠定了它的品牌价值。

产品的独特性，首先是产品本身内在就有，不是贴标签，而是从产品的内在中挖掘出来的，不但包括产品本身，还包括产品的文化、历史、地域、创造者等，这些叫品牌的周边资产，这些资产都是能够创造差异化的。比如还是那匹汗血宝马，但这匹马是谁骑过的，这样挖掘是不是就有差异了？这样延伸下去就能构建用户差异等其他各种差异化。

所以，农产品本身很重要，如果没有好的特质，只有表皮没有里子，比如一个很一般的水果，非要给它赋予很高的价值，就会出很大的问题。但特殊的水果不一样，哪怕价值很模糊，但产品是实在的、特殊的，送礼也好，买来自己吃也好，心里踏实。如果产品不独特，价值做得再高，最终也是昙花一现，很多品牌都死在这里了。

二、消费者价值共创：参与、互动、分享

品牌培育工作有标准可循，它有标准的策略、规定和评价，这些标准都客观存在。品牌也有指标，如知名度、美誉度、忠诚度等，这些指标都可以量化。

但品牌本身没有标准，品牌其实是典型的消费者视角，是消费者对产品的感知，不同的消费者由于自身生理、心理、知识、阅历等各种因素条件的不同，对产品的感知必然不同，那么根据消费者感知量化出来的东西也必然会因人而异，所以品牌本身没有标准。也就是说，企业主可以认为自己的品牌拥有什么样的标准，但消费者的感知跟企业主可能是不一样的。

这种落差之所以会发生，跟品牌在精神层面的属性有关。它有两个属性，分别是情感特性和价值判断。在企业主眼里品牌产品是一个标准化的东西，但消费者看到的可能完全不同，它是带有个人情感和价值判断的。所以，我们应该提供一个载体，让消费者往里面加东西，加入他的情感因素，加上价值判断，使品牌变成消费者自己的品牌，这样的品牌就会牢牢黏着消费者。这就解释了，我们为什么一定要以消费者为中心做品牌，而不能仅仅满足于做产品。

现在一些机构做品牌传播、品牌设计等，大多是强迫消费者接受品牌方的观点，这叫硬销强销。其实，对消费者应该做软营销，要打开胸怀，让消费者参与进来，参与越多，消费者对品牌的忠诚度就越高。这方面有理论研究支持，叫消费者的品牌价值共创，对品牌的忠诚度有很大的正向影响，价值共创越多，消费者对品牌的

忠诚度、好感度就越高。

消费者的品牌价值共创有三个关键词：参与、互动、分享。消费者参与了，跟你互动了，他就会将品牌分享出去。品牌要靠分享去传播，而不是靠强推。把一个很僵硬的品牌推给别人，就相当于硬销。品牌一定要软营销，润物细无声，在消费者感知、评价、认可之后，信任就有可能建立起来，这样才算完成了一个完整的传播过程。

很多时候，我们在品牌化销售方面有路径依赖，认为做品牌的目的就是为了多卖货，而要多卖货，就必须大喊大叫，除此之外好像没有其他办法。上述观点有个逻辑漏洞，也可以说是误区。大喊大叫是为了提高知名度，让大家知道它，但知道了就会购买吗？这是两个不同的概念，不能画等号。

我们天天讲要有好的流量，好的流量也不一定能变现，不一定等于销售额。目前来看，现实中流量变现的手段还比较单一，途径还比较狭窄。我们认为自己的产品好得不得了，消费者就一定会买单。现实中不是这个逻辑！

品牌的形成一定要有它的思想、情感和价值观，使消费者产生好感，使消费者觉得跟自己有点关系，然后通过要么是虚荣，要么是炫耀，要么是别人推荐，要么是自己品尝过以后体验不错，他才会去购买。从知名度到最后购买有很长的环节和过程，但如何设计这个过程的路径，我们农业品牌的操作者不大擅长，导致农业品牌一直发展不起来。

我们目前所处的时代，互联网为完成产品从产生知名度到实现购买的全过程，提供了最好的参与、互动、分享的工具。传统营销的传播很难，分享更难。以前哪有可能做了件好事立刻就让全国人民都知道，只有现在的互联网才有这个能量。比如鸿星尔克（注：2021年7月，深陷破产传闻的运动品牌鸿星尔克宣布为河南灾情捐赠5 000万元物资，获得了巨大的关注和流量），不就是靠互联网分享出去的吗？相较而言，目前农产品利用互联网的方式太简单，只是利用它做直播、做展示，让消费者参与、互动、分享的事基本没做。

三、没有和消费者发展关系的品牌等于零

近一百年来，市场营销理论与时俱进，从 4P（产品 product、价格 price、渠道 place、促销 promotion），到 4C（消费者 customer、成本 cost、便利 convenience、沟通 communication），再到 4R（关联 relevance、反应 reaction、关系 relationship、回报 reward），是一个逐渐从产品至上，过渡到用户为王，再发展为与消费者打成一片的过程。

让消费者参与、互动、分享，说白了就是建立和发展关系。

品牌培育重点要做的就是关系和体验，让消费者参与进来，和消费者建立关系，然后产品、服务等相关体验要好，有了这个基础，品牌工作就好做了。农产品最适合做体验，消费者一吃完就有可能马上被征服，比如爽脆无渣的增城迟菜心，只要咬上一口就被征服了，皮脆肉软，入口即化。农产品也比较容易建立关系。农产品是药食同源，针对不同的人群推不同的产品，这不就能发展关系吗？比如奇异果（猕猴桃），老人、小孩吃了可以补充维生素，卖给老人和小孩就好了；比如有的老人有心血管疾病，就可以搞一个心血管疾病相关的套餐，这样就和这群人建立了关系；小罐茶一看就是"贵宾到"，是针对贵宾的品牌，这个关系非常清晰。品牌里面如果看不到和消费者的关系，品牌力就等于零。

品牌要和消费者发展关系，首先要知道卖给谁，如果不知道卖给谁，就不可能形成品牌。比如梅州柚卖给谁，不知道；做柚子的衍生产品如柚子酒不知道卖给谁，柚子月饼也不知道卖给谁。为谁开发都不知道，这样的品牌能打动谁？哪个消费者心中会有印象？

这样做品牌，找不准对象，就是自说自话。企业不愿意也没有耐心花时间研究客户的定位，觉得这个很虚，还不如在外面搞活动促销，做降价销售来得实在。一讲到做品牌就等于卖东西，而没有真正把品牌作为营销的抓手和拉力，这种做法其实和品牌是没有关系的。

梅州柚（沙田柚）

柚子月饼

关系本质上是按人的属性来分类构建的，也就是做市场细分。比如这个地方出去的人，和这个地方出产的农产品，天然就存在关系。还有一个是群体关系，比如熬夜的人群、爱美的小姑娘等各种群体划分。

即使是 B 端客户，企业法人也有自己独特的属性，这就属于集团消费了。比如说给中国移动定制产品，就要结合移动公司的企业文化，要符合移动公司的属性、性格和特色，它不是一个人，而是一个几十万人的大市场。

其次，构建关系的诀窍，就是要把产品的功能和适用人群联系起来。这是做农业品牌一定要建立的思维，否则不要说做品牌，就连市场也搞不起来。市场是个大概念，首先是要找到相关的人群；其次是找到相关的品牌，品牌里面包含了很多产品，而且产品是被品牌化了的产品；第三要找到相应的渠道，消费者能够买得到；第四最好是能够营造一个场景，就是针对问题的解决方案，跟消费者产生关联。这些就是市场概念，现在做农业品牌的人没有几个树立了市场意识。

再次，要善用品牌杠杆。品牌杠杆原理在理论上是有总结的。在农产品上，它的地域、创作者是谁，比如凤凰单丛是哪个大师做出来的，这就是杠杆原理，是品牌的溢价基础。比如小罐茶，最开始并没有把消费者关系做足，只是强调大师

凤凰单丛

做，这还是在表达产品本身的独特性，因为大师做不等于贵宾喝，两者没有连接起来，大师做的茶，贵宾就一定要喝吗？一定是卖给贵宾的吗？所以，后来它不讲大师做，讲"贵宾到，小罐茶"，开始把关系说清楚了。它前面讲大师做的时候，是没有讲消费者关系的，还是在讲自己产品的独特性，这样品牌力还存在问题，还不到火候，火候到了的品牌一定是与产品有距离的。

所以，品牌本身的属性应该是个惊喜，用完之后，会说"哇，这个东西很好"，能给消费者带来惊喜，而不仅仅是兑现承诺而已。否则的话，消费者用完之后就没感觉了，因为企业兑现自己的承诺本来就是天经地义的事。总而言之，培育品牌要多从消费者关系方面着手，要跟人关联起来，而不是紧紧盯住自己那一亩三分地。

四、直播带货的未来是直播带场

在互联网时代，技术发展日新月异，大数据算法、精准流量广告和直播带货等被赋予很高的期望，甚至有人认为它们可以取代品

牌培育。

这种观点其实经不起推敲。算法也好，广告也好，不过是一种引流手段，只能提高知名度和曝光率，与成交还有一段距离，距离冲着品牌去的反复购买就更远了。至于直播，目前的直播带货是1.0时代，就是类似电视导购，讲究的是价廉物美，拼价格，当前一些头部的直播网红对用户说，我要帮你们向企业争取优惠，把价格砍到最低。这对企业有什么意义呢？这就是个双输的局面，企业输了，因为产品根本没有利润，消费者也输了，因为他们没有买到真正的好东西，只有MCN（网红孵化中心）赢了。以为网红直播就能引起消费者崇拜是不可能的，网红达人直播的边际效益必然是衰减的。

未来直播营销应该是直播带品，带的是品牌，而不是直接带货。以董宇辉为例，他带的是知识与文化，将商品与文学、历史、哲学等紧密结合，让观众在购买产品的同时，感受到知识的魅力和文化的温度。当这种优秀的文化传播出去，品牌也就随之走出国门，中国的特产分布也得以被世界知晓。若只是直接带产品，必定走向死路，单纯的产品推销难以吸引消费者，而文化的力量却能深入人心，引发共鸣。

再进一步就是直播带场，带场景，不仅仅是带品牌了。什么叫场景呢？比如在互联网上做家具的尹氏木业开始做直播带场，他搭一栋楼出来，里面不单有家具，还把家电、微波炉等都带进场景，这个时候才能说直播所带的品牌有价值，因为这样做是以消费者为中心，从消费者感知的角度去做品牌工作，消费者才会产生认同感。

所以，当下的直播带货、精准流量广告等是不能取代品牌工作的，因为它们还是把消费者放在客体的位置，只是一种推销，连营销都算不上，因为营销是要站在消费者的角度去思考问题。

所谓直播带货、精准流量广告能替代品牌的观点，背后其实是大家对品牌的认识有误区，认为品牌只是企业的一种工具，是把产品卖出去的一种手段。其实品牌做得越大就越不属于自己，品牌是属于消费者的。品牌一定是基于消费者而且是以消费者为本的资产，它绝不是企业的工具。

目前品牌培育工作最重要的问题还是对消费者研究的缺失，就是市场定位缺失。产品生产再多也没效益，卖不掉，并不是说市场没有需求，其实需求很大，但供销脱节了，市场不畅通。要重新理顺各个环节的关系：品牌拉动市场，市场拉动产品，产品拉动生产，生产拉动资源。资源一定要找到市场，资源市场化。资源怎么市场化呢？资源一定要变成生产，生产变成产品，产品变成市场，市场才能变成品牌，这样一路走过去，农业才能真正发展起来，少一个环节都不行，某个环节的次序乱了也不行。

一产讲的是质量、成本、规模；到二产加工业的时候要讲品种，讲多品种，讲技术创新，所以做工厂一定要讲品种，多开发一些品种。为什么？因为针对的消费群体不一样。所以二产就开始接近消费者了。到了三产就跟产品没有那么强的关系了，要讲服务，讲关系和体验，产品就是道具，像火锅店，火锅就是道具。目前的农业品牌操作者是用一产的思维在做三产，怎么可能做得好呢？市场是三产，以一产的思维，拿质量、拿成本来打市场，肯定会出问题；市场要靠关系和体验，靠品牌做出来。

五、区域公用品牌培育走上了歧路

当前，农业品牌培育工作受到地方政府和广大农业企业经营主体前所未有的重视，这跟政府对乡村振兴的目标和要求有关，也跟千千万万个市场主体觉醒有关。相较而言，由财政资金支持的农业区域公用品牌培育工作风头更劲。从地方政府的出发点来说，以打造农业区域公用品牌为抓手，一方面可以保障农产品的产量，另一方面也能提高区域公用品牌所属产品的品牌化率，带动广大农户增收。从这个角度讲，抓区域公用品牌培育算是牵住了产业振兴的牛鼻子。但是，在这股农业区域公用品牌培育的风潮中，出现了一些违背基本规律的现象。

以广东省梅州市为例，目前主推三大区域公用品牌，即梅州柚、嘉应茶和客都米。其出发点可谓良好，把梅州的地名或俗称嵌上去，重点推介所在区域的主要产业，构建产业与所在区域的关联性。但是这种镶嵌，违背了品牌培育的基本规律——即品牌培育要建立在产品品类分化的前提之上，对农业来说则是建立在产品品种区隔的前提之

梅州柚（红肉蜜柚）

上，目前包括梅州市在内的区域公用品牌培育，试图抹去产品品种的差别，采取戴上区域名称这顶大帽子的方法，看上去比较省事，走了捷径，实际上却可能大而无当。

农产品与工业品的区别有很多，其中有个根本区别：农产品是给人食用的，是为人的感官服务的，需要人调动自身的感官来参与，而大多数工业品是为了完成一个客观任务，这个任务有量化的客观指标和评价标准。可以说，如果没有人的主观体验和评价，农产品就不可能完成自己作为食物的"任务"。而对人的感官体验起着关键作用的农产品品质主要是由品种决定的，因此，忽视品种的差异性，试图培育一个统一的公用品牌不合常识。以嘉应茶为例，梅州以产绿茶为主，也有部分红茶、乌龙茶。就市面上经常见到的绿茶来说，黄坑绿茶、马山绿茶与石正云雾口感差别很大，它们本来就属于不同品种，口感差别大的不同茶叶如何能统一在嘉应茶的旗帜下呢？如果它们属于同一个品种，问题就更大了，在同一片梅州辖区内，相同品种的物产口感差别如此之大，叫人如何认知嘉应

茶这个"品牌"的产品呢？可以说，没有体验的大致一致性，品牌发展的基础就不牢固。

相较而言，英德红茶则比较清晰，它主要是建立在英红九号这个品种基础上，只要这个品种不退化，英德红茶这个品牌就能站得住脚，万一英德其他品牌的茶叶不幸出了问题，英德红茶也足以自保而不受牵连。两相比较，不区分产品品种和品类的嘉应茶是不具备这种抗风险能力的。

国务院前几年提的"新三品"——增品种、提品质、创品牌就隐含了区域公用品牌的培育路径：品种要分化提纯，品质要稳定提升，这样才能更好地培育品牌。凡是区域公用品牌做得好的，几乎都是建立在品种相对分化、品质基本稳定的基础上，如英德红茶、凤凰单丛、西湖龙井等。

这种戴大帽子的区域公用品牌取名方法，不能责怪某一个具体的地方政府，它来自一个更深层次的思潮，即融合思潮。进入新世纪以来，随着新技术的出现，不同产品之间的融合蔚然成风，似乎通过融合就能创造一个新品类和造就一个新市场。这股工业产品的思潮不可避免地涌进了农业领域，不少地方政府通过戴大帽子的方法，把原本属于小区域的品牌"融合"进一个更大的区域。例如，有人建议把连州水晶梨改成清远水晶梨，徐闻菠萝改成湛江菠萝，如果付诸实施可能会带来意料之外的后果。因为农产品即使品种相同，但随着种植区域的扩大，温光水土气的差别也会变大，想要保持适合某种特定品质得以形成的小气候就越难，而产品品质如果出现较大的差异性，品牌便失去了存在的基础。

当然，这种戴大帽子的方法，也不是完全行不通，抽出某个区域某类产品的某个共同属性，再用于定义这个区域的所有这类产品，也是一种可行的方法，如"江西茶　香天下"。但这种方法，存在定位失准的风险，因为区域越大，品种越多，试图找到一个最大公约数的难度也就越大，所以这种剑走偏锋的玩法可复制性较差，且风险较高，万一出个质量问题可能会连累一大片。

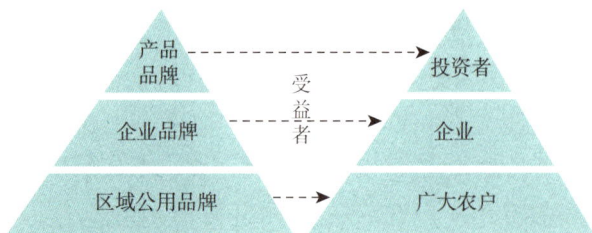

六、地方独占性的特色产品，都有可能做成大品牌

　　就像广告有科学派与艺术派之别，品牌培育工作方法也有类似的分野，有人认为要从具体的产品品种和品质等客观性状出发，再结合当地的风土人情、历史传说或生产者的故事，培育相应的品牌；有种几乎对立的观点认为，品牌精神是先天的和超验的，可以独立存在，可以被品牌培育者赋予相关的产品。这两种观点都有各自的拥趸，并且在实践中均有成功的案例。

　　人既有物质属性，也有精神属性，精神属性包括感性、理性和灵性等。好的品牌一定带有灵性世界的因素，就像宗教一样，说不清、摸不着，很有征服力，是灵魂的感召，不仅仅是物质的打动，所以针对品牌讲的人情、历史，可以在一定程度上超越又不脱离物质属性。当然，如果一门心思打磨产品，像德国、日本那样不管什么灵性不灵性，把产品做到极致也行，极致就是工匠精神，也是一种灵性。

　　好品牌一定是物质属性和精神属性融为一体，就是产品做到了极致，精神也到了极致。两者不可分离，精神方面可以体现在产品上，产品消费过程中又能体验它的精神。有些品牌做得不好，就是精神拔得太高，产品却做得一般，像小罐茶，最后就做不下去了。

为什么说做产品一定要做到极致，因为精神拔得太高，从产品里却得不到极致化的体验，精神感知就会打折扣。所以，我们讲"两翼齐飞"的概念，产品质量、技术创新要做好，品牌关系、品牌体验也要做好，这样两个翼就都能飞起来。

灵性的东西乍听起来有点玄，但是一点也不虚，因为做品牌有一套科学的方法，按这套科学方法做出来的品牌同时能带有一定的艺术性。做农业品牌，一定要尊重品牌的专业知识，不要拍脑袋想当然。品牌是个灵性的东西，灵性的东西要离人近一点，离产品远一点。只有这样做品牌，才能真正领悟到它的道理。

农产品有做品牌的基础，因为它有差异化的东西，有道地性。农产品最有可能诞生世界级品牌，全世界只是你有，别的地方都没有，而且要到你那里才能吃到，那就是世界级品牌了。什么时候中国的农产品有这个魅力呢？比如妃子笑荔枝，只有到广东茂名才能吃到真正好吃的妃子笑，去其他

妃子笑荔枝

地方根本吃不到，这就是品牌了，卖到印度经过保鲜处理的妃子笑，根本不是妃子笑原来的味道了。做数量和做品牌是两个不同的概念，品牌一定要做质，产品可以追求做量，质和量要统一协调。我们现在只有量没有质，但是量又做不大。

只要某个地方有特色独占的农产品，就有做出世界级品牌的可能，因为全世界其他地方都没有，这就是做品牌的基础，关键是怎么让消费者慕名而来、倾巢出动，花多少钱都要来吃。比如广东的妃子笑、桂味、仙进奉、挂绿等，那么令人回味无穷的产品，都有成为世界级品牌的潜力，就算是品种，也要设法转化成一种特殊的

需求，像普洱茶就做到了转化。普洱茶已不仅是一种茶，而是一个比较好的区域品牌，但还没有成为消费者心目中的好品牌，更称不上世界级品牌。

桂味荔枝

仙进奉荔枝

现在有越来越多的农业经营主体在拓展国际市场。其实，无论国内还是国际，只是卖给了不同的市场。国内市场有国内的特点，境外市场有境外的特色。我们目前出口境外的东西还是产品，并没有形成品牌。不同国家消费者的需求是不一样的，比如一加手机就专门针对非洲人做了一款识别脸部的手机，在非洲卖得非常好，这是针对特定市场开发的产品，在非洲人心目中这就是品牌。做国际贸易一样要懂得和消费者发展关系，重视消费者的体验，关系和体验始终是做品牌的核心。

所以，一个品牌就是一类人群关系，一个独特承诺，一种伟大体验，如果这些做到了，品牌就出来了。如果这个品牌里面没有消费者关系，没有体验，没有承诺，就不叫品牌，只是一个符号、一套VI（视觉表达体系），仅此而已，其他都是假的。

第三章 PART THREE

企业产品品牌培育与营销

按照《中华人民共和国商标法》的分类，涉农商标可分为商品商标、服务商标、集体商标、证明商标。其中，以商品商标、服务商标注册的品牌，可称为企业品牌或产品品牌，它们是农业品牌的主体。

根据本书提出的农业品牌培育方法论，新农财团队对"种植匠"、"驮娘柚"、"山瑶脆柑"、"夫妻树"木耳、"啵啵脆"荔枝和"杨华苹果"等企业（产品）品牌进行培育，从品牌故事、品牌主张、品牌形象、品牌传播、电商运营、实战小结等方面，做了详细的论述，全面展现了一个品牌从命名到打响知名度，最后进入销售渠道的全过程。用一套类似于程式化的"动作"表明，这种品牌培育模式是可落地、可复制、可推广的。

这些品牌的培育方法，有几点值得一说：

一是万法不失其本，品牌故事一定要有出处。这6个品牌都是有来源和根基的。来源和根基可以是具体的人或事，也可以是一种文化或精神。有了来源和根基，新闻策划才不会是海市蜃楼，也不会昙花一现。例如，新农财基于一个普通人因帮扶他人而与种柚结缘的故事，成功策划出了体现客家孝义文化的"驮娘柚"品牌。在这个品牌故事中，"驮娘柚"表达的价值观是：一个有孝心的人，必定会凭着良心种植农产品，必定会在农产品种植源头把好质量关。通过对品牌内涵的升华，"驮娘柚"不仅变成一个农产品品牌，更成为向社会传递孝义精神的果实承载。而由此推出的一系列符合社会公共价值和新闻传播规律的营销活动，使得"驮娘柚"成了最具辨识度的柚类品牌之一。

二是万变不离其宗，在符合品牌定位和宗旨的情况下，故事的新奇性越强越好。这几个品牌都有着精彩甚至带点儿传奇的故事，但由于故事有力地表达了品牌内涵，人们并不会觉得突兀或虚假，反而认为非常之品（人或物）必有非常之事，具有一种更高层次上的合理性。2015年12月22日，《南方农村报》刊出《史上首次！圣诞老人竟要爬树摘沙糖橘王，帮帮他吧！》一文后，迅速得到广大网友的积极响应，许多"弄潮儿"报名，要担任"圣诞老人"，亲自到从化采摘"橘王"树的果实，作为12月26日"橘王"线下竞拍的礼品。

三是万物不废其用，品牌在培育过程中始终不忘回馈社会。任何品牌的成功都离不开社会的支持，新农财运作的所有品牌，在一开始培育时就注重回报社会，通过公益销售、参与扶贫项目等活动帮助需要帮助的人群。如"驮娘柚"每销售一箱柚子，就向当地政府捐出1元钱用于救济困难群众；"驮娘柚"、"山瑶脆柑"、"夫妻树"木耳、"杨华苹果"等都参与了当地的精准扶贫工作，有的还与当地政府共建了扶贫产业园，为全面脱贫做出了自己应有的贡献；"种植匠"则联合金融机构，为种植户申请生产性贷款。

一、种植匠：执匠心、守农道！

从字面理解，所谓"种植匠"，就是从事种植业的匠人。"种植匠"名称的得来，是从木匠、泥水匠、篾匠等传统手工艺人的称谓以及近年来国家高层多次提及的"工匠精神"中得到的启发。新农财团队创造性地提出了"种植匠"一词并注册了品牌商标，同时提出了"种植匠"的定义。作为一个品牌，在商业上，新农财应用于优质的农产品以及生态肥料产品。

为培育"种植匠"品牌，新农财团队联合主流媒体策划了一系列富有创意的品牌营销方案，如十万重金征集"种植匠"之歌、人大代表向两会提交建议倡导"种植匠"精神、举办中国"种植匠"创新大赛活动等。在新农财团队的努力下，"种植匠"品牌理念不断深入人心，获得各界广泛认可，包括广东省农业农村厅、南方报业传媒集团等单位都曾大力倡导"种植匠"精神，并举办了"种植匠"系列先进人物的评选活动。从某种意义上说，"种植匠"已经被视为一个种植业的认证品牌，品牌内涵与外延具有较大的拓展空间。

（一）品牌故事

2015 年底，受到"大众创业、万众创新"的感染，南方农村报社的领导抓住媒体转型的契机，推动广东南方报业传媒集团有限公司与上市公司深圳市芭田生态工程股份有限公司（以下简称芭田股份）合作成立一家以"数据＋品牌农业"为业务特色的新公司——广州农财大数据科技股份有限公司（现为广州新农财数据科技股份有限公司，简称"新农财"），当时的南方农村报社经营负责人毛志勇以及部分报社员工离开工作多年的媒体单位，负责新公司的业务运营。

新公司确立了品牌农业的业务方向，也提出了"让品牌农业成本更省"的理念，但自己的核心品牌和主张应该是什么呢？作为资深媒体人和新公司负责人，毛志勇对这个问题非常较真——这个名称既要能准确地体现乃至概括新公司的业务特点，同时也要达到简洁好记，利于推广和传播的目的。

这实际上就是要把新公司业务层面的定位想清楚：公司要做什么？公司的客户是谁/公司为谁服务？

股东资源优势以及核心团队的专业能力决定了新公司的主要业务是在种植业。那么种植业的痛点可能就是新农财的机会，这个产业的痛点基本可以概括为：（农产品）种不好、卖不好！这也意味着，新农财坚持品牌农业的目标，就是要通过品牌化的生产、包装和运营，使农产品在生产端实现种好，在销售端实现卖好，解决产业痛点，实现产业链效益提升。

搞清楚了要做什么，那么谁是新农财的服务对象其实也清楚了：能够坚持生产和供应好产品的种植者。只有他们才能联结生产端和供应端，他们是产业升级的核心力量。这个群体的基本特征可以概括为比较专注于种植水平的提升，对产品品质能够做到精益求精、力求完美。这不正是新时代所需要的"匠心"吗?!

因此，当毛志勇提出"种植匠"这个概念时，几乎所有人都觉得眼前一亮！它含义丰富却又容易理解："种植匠"不但指称高水平的种植者，而且把种植业与匠心这两个词语组合在一起，还意味着种植业在新时代的传承与创新；有的人还认为，它天然可以让人联想到优质绿色的农产品；再往生产资料方面延伸，有机肥料、高科技农机农具等，贴上"种植匠"的标签，都可以令人感觉到"品质好"的强关联性。总之，"种植匠"的产业属性和公共属性都很强，绝不仅仅局限于一个企业及其产品品牌的范畴。如果培育得当，"种植匠"有望成为一个具有生命力的品牌，当然，它后来所产生的社会效应也证明了这一点。

从2016年1月初开始，围绕"种植匠"的一系列品牌培育的策划应运而生：重奖10万元向全社会征集"种植匠"歌词歌谱、启动中国"种植匠"创新大赛活动、开展种植匠人故事报道等，这些策划得到《南方农村报》等媒体大力支持和重点报道，很快在社会上引起热烈反响。

出乎意料的是，在"种植匠"概念提出不久，一股强大的"东风"加速推动了"种植匠"的传播。

2016 年国务院政府工作报告中首提鼓励企业开展个性化定制、柔性化生产，培育精益求精的"工匠精神"。随即，"工匠精神"在全社会迅速流传开来，并入选了 2016 年十大流行语，成为制造行业的热词。随后，不仅制造行业，各行各业都在提倡"工匠精神"。

这样一个超级"风口"足以让"种植匠"起飞。

南方报业传媒集团（以下简称"南方报业"）快速响应，邀请全国人大代表、时任广东省社会科学院产业经济研究所所长向晓梅等到南方报业全国两会全媒体直播室就"工匠精神在农业领域的应用"进行访谈，"种植匠"精神得到人大代表们的高度推崇，全国人大代表李瑞伟更是在 2016 年全国两会期间提交了议案《关于大力倡导"种植匠"精神　推动农产品质量提升的建议》。

此时，"种植匠"这个话题已经被彻底引爆，取得了足够轰动的社会影响。而此前的策划——10 万元重奖征集"种植匠"歌词歌谱、中国"种植匠"创新大赛活动等，在全国两会旋风的激荡下，得到更多媒体的进一步报道；同时新农财不断策划选题，联合媒体持续开展种植匠人故事系列报道，不断加码"种植匠"品牌的传播，持续提升话题热度。

这一系列"高举高打"的策划极具新闻性，又借势时代热点，得到了《南方日报》《南方农村报》等权威媒体的大力支持，"种植匠"也因此迅速成为网络热词，仅百度平台的检索量就高达 100 万条以上，至今保持着很高的热度。

从 2015 年底新农财成立以来，"种植匠"一直作为企业的核心品牌不断成长，从最初品牌理念的传播到"种植匠"品牌系列产品（驮娘柚、山瑶脆柑、小青柑、火龙果等）的推广销售，"种植匠"成了新农财"让品牌农业成本更省"理念的最佳实践范例之一，它几乎全面应用到公司的各项业务领域："种植匠"品牌农产品、"种植匠"生态肥料、"种植匠"内容平台等。

特别是在农产品业务过程的把控上，"种植匠"产品从采摘、分拣、包装、物流等多个环节进行精心把控，做好产品的商品化、标准化、品牌化，整个链条共同构成"种植匠"的农产品供应链品牌。

"种植匠"这个概念的社会反响也很突出。媒体方面，除了南方报业旗下各媒体，还有广西科技报社、山东电视台农科频道、水果邦农人之家等；企业方面，有芭田股份、深圳农金圈金融服务有限公司、深圳田田圈农业服务有限公司、木美土里生态农业有限公司等；政府方面，有广东省农业农村厅、东莞市农业农村局、蕉岭县农业农村局等，都采用了"种植匠"这个概念。广东省农业农村厅还在全省开展"十大荔枝种植匠"等评选活动，并由省领导为入选者颁奖表彰。

（二）品牌主张

基于"种植匠"的产业属性和公共属性，新农财提出了"种植匠"的定义：专注种植技术提升、对农产品品质精益求精、善于创新、敬天爱土的种植业从业者。

在此基础上，新农财进一步提炼出"种植匠"的品牌主张：执匠心，守农道！所谓"执匠心，守农道"，概括来讲就是指遵循农业自身规律，潜心深耕行业，耐心打磨种植技术，努力把控品质的匠心精神。具象到产品上，"种植匠"品牌就是要突出这是靠谱的、优质的产品。

（三）品牌形象

为丰富"种植匠"品牌的视觉形象，设计了"种植匠"的品牌 logo。logo 采用意象的笔法，呈现出来的是一个带着淳朴笑容的中国农人半身像，他捧着刚收获的农产品，表达出发自内心的那种开心和满足，logo 下方也对"种植匠"理念进行描述：执匠心，守农道。

"种植匠"品牌 logo

（四）品牌传播

"种植匠"品牌传播过程中有一个最为鲜明的特点就是媒体助力、政府背书，充分调动社会资源，令其快速成为行业和社会热点。当然，这些离不开精妙的品牌策划，而"种植匠"品牌策划的主线就是善于把握国家的"三农"政策导向，并深刻理解产业的发展趋势。

在此分享几个典型案例。

1. 联合媒体发起重奖 10 万元征集"种植匠"歌词歌谱活动

2016 年 1 月，新农财联合南方农村报、芭田股份共同发起"种植匠"歌词歌谱征集评选活动。此次活动的目的是要把"工匠精神"引入农业种植领域，深入挖掘和打造一批能够凸显现代"种植匠"精神的优秀音乐作品，并通过广泛传播、传唱，大力宣传推介种植匠的"工匠精神"，赋予种植匠人更高的社会地位及社会荣誉，使种植匠的美好形象深入人心。征集活动向全社会发布，并邀请业界大咖担任评委对入选作品进行评审，经过评审的获奖作品及作者将获得荣誉证书及奖金，最佳作品作者将获得 10 万元奖金。

《南方农村报》率先发布《重奖 10 万元　"种植匠"征集歌词歌谱》的报道。该报道阐明了"种植匠"的定义，并指出"种植匠"的提法虽说在全国尚属首次，但数千年来，种植匠一直存在，他们用追求极致的精神和孜孜以求的行动诠释着名字的内涵。在未来，尤其是在中产阶层的形成和农产品电商充分发展之后，优质农产品的价值将进一步提升，而"种植匠"就是优质农产品供应的源头和信心保证。报道还特别指出，"种植匠"理念与中央提出的农业供给侧结构性改革、"鼓励农业由数量型向质量型转变"的政策方向正好吻合。

南方网、新牧网、中国农资、农财网等媒体以及新浪、搜狐等网络平台都对此进行了持续的报道和转载。该活动在社会上引起了强烈反响，来自不同阶层和不同领域的人群积极参与，作词谱、写赞歌，赞扬备受人们尊重的"工匠精神"。

征集活动共收到近 500 首"种植匠"词曲，这些作品来自行业协会、主流媒体、普通高校以及一些业余爱好者，提交作品数量之多，质量之优，均超过预期。值得一提的是，本次活动还收到来自中国音乐文学学会、中国大众音乐协会等领域许多知名专业人士提交的 60 余篇词曲，这些专业人士的积极参与，将活动推向了高潮。

本次活动评选出的《中国种植匠》《种植匠之歌》《种植匠》等不少优秀作品传唱至今，"种植匠"品牌也随着种植匠之歌的传唱不断传播。

首届"种植匠"歌词歌谱征集活动获奖名单

奖项名称	歌曲名称	词作者	曲作者
一等奖	空缺		
二等奖	《天下粮仓（天地匠心）》	王广鲁	柯德胜
三等奖	《中国种植匠》	杨厚爽	孙树森
	《种植匠之歌》	鲍方	杨琳
入围奖	《种植郎，种植女》	黄战果	刘敖宁
	《如今的种植匠最风流》	陈雷	王海

2. 联合媒体发起"中国种植匠"大型公益活动

在成功推出第一波"种植匠"歌曲征集策划后，新农财又联合南方农村报社、芭田股份顺势发起"中国种植匠"大型公益活动，并在 2016 年 1 月 29 日在惠东县山瑶脆柑基地隆重举办了活动启动仪式。此次活动得到全国农业技术推广服务中心的大力支持和指导，土肥水首席专家高祥照专门为活动发来贺信，信中称赞："中国种植匠"活动在农产品生产源头，挖掘种得好、卖得好的种植匠，打造一批优质农产品示范生产基地，推进农业标准化生产，提升农产品质量，是利国利民的好事。

时任南方农村报社主编陈永、时任广东省耕地肥料总站副站长林翠兰、芭田股份高管杨永藩等领导嘉宾到场参与活动并发表热情洋溢的讲话。林翠兰对"种植匠"精神给予充分肯定。她指出，长久以来，种植业普遍缺乏对品质的坚持、追求和积累，不少农民喜欢跟风、盲从，追求短期利益，导致种出来的农产品品质不高、标准化程度不足，缺乏市场竞争力。"工匠精神"的缺乏，让种植行业的健康发展变得异常艰难，更让农业企业基业长青成为凤毛麟角。此次南方农村报社和芭田公司与时俱进，率先提出"种植匠"的概念和内涵，在种植领域提倡匠人精神，引起了行业和社会的广泛关注和热议，说明这确实触及了种植业问题的核心。广东省耕地肥料总站将大力倡导"工匠精神"，为种植匠和广大农户提供专业服务。

《南方农村报》专版报道"中国种植匠"启动活动

此次活动得到《南方农村报》《农资导报》和农财网等媒体的报道。

从 2016 年以来，"中国种植匠"公益活动持续在广东、山东、云南等农业重点省区举办，通过活动的开展，推出了一批涵盖水稻、柑橘、葡萄、柚子、荔枝等各类作物的种植匠，在种植领域乃至社会上产生了深远的影响。

3. 全国人大代表倡议"种植匠"精神

2016 年 3 月 5 日，国务院政府工作报告中首提"工匠精神"后，新农财迅速反应，建议南方报业相关领导邀请人大代表就"工匠精神"进行访谈，并将话题引到由南方报业旗下媒体发起并已经在社会上产生一定影响的"种植匠"上。

从 2016 年 3 月 5 日下午开始，南方报业全国两会全媒体直播室先后邀请了全国人大代表向晓梅、温鹏程等，结合"新鲜出炉"的政府工作报告畅谈"工匠精神"在农业领域的推广应用。人大代表们从不同角度表达了"工匠精神"在农业领域的重要性。向晓梅表示，"工匠精神"是工业经济时代的一种产物，是一种精致化生产的要求，对农业生产同样适用。对农业生产来讲，实际上就是要从源头保证食品安全，从种植开始，原料、化肥、土地等要保证安全，还有就是它的品质和质量，也需要"工匠精神"。新农财要在教育、科研、人才培养的过程中，最终培养一批真正具有"工匠精神"的种植者。"种植匠"精神就是要倡导通过创新提高农业产业化水平。

在 2016 年全国两会期间，南方农村报社记者还采访了李瑞伟、谢舒雯、覃春辉等多位农业领域的全国人大代表，大家都纷纷表示，搞农业要有工匠精神，种植匠就是农村致富的带头人。

全国人大代表、茂名市茂南三高罗非鱼良种场场长李瑞伟更是向全国人大提交了《关于大力倡导"种植匠"精神 推动农产品质量提升的建议》，在全社会倡导精益求精的"种植匠"精神。

建议提议，各级政府部门要弘扬"种植匠"精神、扶持种植匠，根据地方农业发展的特点，因地制宜做好规划，做大做强优势产业，培育一批优秀的种植匠，形成示范效应。

建议提出，种植者应主动适应现代社会发展的要求，以"种植匠"精神为指引，追求对所种植品种的专业专注，沉下心来深耕行业，耐心打磨种植技术，努力把控品质，以安全优质农产品创造财富，并引领带动周围农民共同提高种植水平。

《南方日报》《南方农村报》专版报道全国人大代表热议、倡导"种植匠"精神

南方日报社、南方网、南方农村报社、农财网、新牧网、中国农科新闻网等媒体纷纷跟进，进行了大量报道，在距离新农财团队提出"种植匠"概念不到三个月的时间，汇聚了天时地利人和的各项有利条件和各方优势资源，"种植匠"一词迅速成为社会热点。

4. 广东省农业农村厅推广"种植匠"品牌

"种植匠"理念从一开始便得到广东省农业农村厅的关注和认可，有关领导多次出席和参与"种植匠"相关品牌活动，广东省农业农村厅网站也多次转载有关报道。

2018年，广东省农业农村厅主办"中国国际荔枝产业大会"，这次大会还专门开展评选推介"广东荔枝种植匠"活动，以此弘扬"工匠精神"，树立行业标杆，推动广东省荔枝产业绿色发展、提质增效，促进果农持续增收。

为确保"广东荔枝种植匠"的评选推介活动顺利开展，广东省农业农村厅向各地级以上市农业农村局、各有关单位专门印发了《关于开展评选推介"广东荔枝种植匠"活动的通知》（粤农办〔2018〕195号），要求各单位组织做好"广东荔枝种植匠"的推荐工作。

广东省农业农村厅发文开展评选推介"广东荔枝种植匠"活动

　　此次由省级农业部门主导发起的"广东荔枝种植匠"评选推介活动持续 2 个多月，按照"自愿参评、公正公开、大众参与、专家评审"的有关原则，经过资格审查、网络投票、专家评审的评选程序，最终按综合得分评出 10 位获奖者。

　　该活动的评选标准、评审程序以及活动进展等都通过权威媒体向全社会公开，在广东省乃至全国荔枝产业中引起巨大反响。10 位获奖者在 2018 年中国国际荔枝产业大会的开幕式上被授予"广东十大荔枝种植匠"称号，广东省政府领导、中国工程院院士等为"广东十大荔枝种植匠"颁奖。

　　值得一提的是，此次"广东荔枝种植匠"评选推介活动还得到涉农金融机构——广州农商银行的大力支持。该行网络金融部不仅积极参与"广东荔枝种植匠"的评选、调研工作，还推出定制的种植匠银行卡，该卡享有办理业务费用减免、开通"三农"小微普惠贷款绿色审批通道、业务高效审批等优惠政策。

　　同时，广州农商银行还联合新农财团队，发起"种植匠"培育计划，并设立了 50 亿元的专项授信资金，面向广东特色产业工匠、农业种植匠人等行业带头人定制特色授信业务，推出专属系列贷款

《南方农村报》专版报道"广东十大荔枝种植匠"评选结果

产品"太阳·匠人贷"。

"太阳·匠人贷"对种植匠人的单笔授信额度不设上限，农业固定资产投资最长达 10 年，流动资金周转用途可长达 5 年。首批授信利率仅 5.22％，农户可以在线上申请贷款，贷款随借随还，循环使用。此次评选出来的"广东十大荔枝种植匠"中，有 7 名种植匠获得广州农商银行优惠贷款授信。

（五）品牌产品营销

新农财在打造"种植匠"品牌产品时，首先就是运用在农产品上，毕竟能让消费者直接感受的就是种植匠们所生产的优质农产品。具体到一款产品或者说能够上市的商品，从表象上来说构成的要素包括产品、规格和包装。而背后则是产品等级标准、质量把控（品控）、物流等诸多环节。为此，新农财配置了一个专门的农产品团队负责运营，设立了品控、销售、客服、推广等业务岗位。理论上，"种植匠"品牌可以适用于所有优质农产品，但对于新农财而言，主要还是对岭南的特色农产品开展营销业务，比如荔枝、柚子、菠萝、皇帝柑、火龙果、百香果等。

在互联网时代，产品的营销实际上就是内容的营销，推广产品同样是在推广品牌。即产品品牌化、品牌内容化、内容产品化。

新农财开设了"岭南鲜"公众号，持续进行内容运营，发掘匠人匠心优质农产品，打造新型特色农业品牌。同时，还对符合"种植匠"品牌标准的产品进行包装推广销售，搭建了种植匠·岭南鲜商城，所有符合"种植匠"标准的优质农产品在经过专业的包装后，在种植匠·岭南鲜商城进行推广销售。

5月20日 上午 10:24

吃上一口蜜香浓甜的白糖罂，才是解锁夏天最正确的方式！

生活都那么苦了（天气那么热），必须来点甜！

广东荔枝珍稀品种 岭丰糯礼盒装（预售6.8~6.20发...

广东荔枝端午礼盒装（一次体验桂味 岭丰糯 井岗红...

5月24日 晚上18:42

"荔枝果冻"广东妃子笑上线啦！与众不同的荔枝甜，不知不觉干掉半斤！

个大核小，颗颗饱满，嫩如果冻，丰盈多汁，这样的妃子笑谁人不爱呢~

岭丰糯2斤尝鲜装 荔王新一代，新品种荔枝（限量30...

广东荔枝珍稀品种 井岗红糯 新鲜自然熟多汁甜蜜净...

岭南鲜平台推广销售优质农产品

1. "种植匠·小青柑"品牌产品打造

小青柑是中国陈皮之乡——广东新会地区的特色茶类产品。它是人们用未成熟的茶枝柑果和云南普洱茶相结合制成的加工茶类。

它的全名是小青柑普洱茶，是柑普茶类产品的重要成员。小青柑中挥发油的含量特别高，还含有丰富的橙皮苷，更含有丰富的茶多酚和黄酮类化合物，具有健胃理气、化痰止咳等功效。

"种植匠·小青柑"来自广东省江门市新会区一位拥有10多年柑普茶制作经验的种植匠人。制作原料茶枝柑果全程采用有机生态种植生产，并且选取自10年以上树龄的茶枝柑树。柑果油胞圆润饱满，陈化后的"果霜"明显，其与云南勐海出产的顶级"宫廷"熟普洱充分交融，经过独特的生晒工艺和近十道复杂工序，出品的小青柑比较甜清，熟普味浓，柑香醇滑，耐泡度在20泡以上。"种植匠·小青柑"存放后还会出现慢慢陈化转换的不同味道。

（1）品牌包装。 新农财对符合"种植匠·小青柑"品牌标准的产品专门设计包装，分别设计了18粒及25粒装的"种植匠"品牌专属礼盒包装。小青柑单独包装，包装内附小青柑制作流程，科普性高，产品宣推效果好。

"种植匠·小青柑"包装

（2）品牌产品销售 "种植匠·小青柑"兼具青皮陈皮和熟普茶的优点，柑皮厚实、果香浓郁，普洱茶金芽吐露、条索清晰，既有小青柑浓郁的柑香味，又有普洱茶的醇厚甘甜味，广受消费者喜爱。"种植匠·小青柑"一上市，很快就卖断货。

新农财出品的"种植匠·小青柑"除了在种植匠·岭南鲜商城推广销售外，还联合广州农商银行太阳集市商城推广销售，小青柑以积

106920积分 市场价格：

种植匠 生晒小青柑金色礼盒装 送礼自用 必备茶叶（积分兑换）

以积分兑换方式销售火龙果

分兑换、零售等方式在其平台常年销售，消费者对小青柑喜好度更甚。

2. "种植匠·火龙果" 品牌产品打造

火龙果是华南特色水果，市场接受度高。2018年，新农财联合广州农商银行太阳集市策划了种植匠品牌农产品评选推介活动，其中一项便是推出火龙果"太阳·种植匠"网络评选，报名参与评选的火龙果种植能手有10人，累计投票29 262次，访问次数达51 072次。通过资格审查、网络投票、专家评审等流程，综合评分选出了1名火龙果"太阳·种植匠"。

最终获评火龙果类目"种植匠"称号的是来自清远市清新区的郭锐锋。

火龙果"太阳·种植匠"网络评选

参与选手	累计投票	访问次数
10	29262	51072

⊙ 开始时间：2018-10-19 00:00:00
⊙ 截止时间：2018-10-23 23:55:00
⚠ 投票规则：每个微信每天只能投票3票，每天可为同一选手投票1票

火龙果"太阳·种植匠"网络评选

具有十多年种植经验的他，有着能在秋季里吸引一大批珠江三角洲地区游客慕名前来观光采摘、能让火龙果在寒冬腊月里依旧开花结果的秘诀。

郭锐锋参考台湾园的种植方法，在合理规划园区的基础上进行规范性管理，并按照自己的思路，采用高产、高密植的种植方法。他从台湾引进新品种，进行错峰上市，经过他的创新思维，做到人无我有，人有我精。

清远市位于北回归线以北，山区里的冬天非常寒冷，对于火龙果这种热带水果来讲，在这里露天过冬还要开花结果，并不是一件容易的事情。但郭锐锋做到了，即使在秋冬季的周末，他的果园仍旧游人如织，火龙果供不应求。

郭锐锋种植的火龙果之所以更耐寒，与他匠心独运的种植方法密不可分。从某些不受严寒影响的火龙果树上剪下枝条繁衍，筛选出一批耐寒性较好的种苗。经年累月，这些选育出来的抗寒品种能抵御−2℃的低温。

匠人大都率先掌握先进的生产工具和技术。郭锐锋的火龙果采摘园使用了补光设施，这些灯光装置是火龙果能在冬春两季持续开花结果的秘诀。火龙果是热带水果，需要足够的光照和适宜温度才能更好地生长。采用灯光来弥补光照时间不足是通用的办法，但在清远地区，哪种光谱对火龙果催花效果最理想，并不明确。匠人郭锐锋经过数年的持续试验，最终摸索出了理想的补光应用方案。

匠心付出，回馈丰厚。尽管天气转凉，但郭锐锋种植的火龙果糖度没有低

这！就是火龙果太阳·种植匠！

广州农商银行微生活
2018-11-15 〔订阅号〕

随着一波波冷空气来袭，倔强的大广东虽说入冬还尚早，但小伙伴们都纷纷"脱单"了。在寒冬来临前，太阳·种植匠培育寻找到了最具匠心的那把"火"，只为温暖甜蜜您整个冬天。

快看！这就是火龙果太阳·种植匠！

火龙果种植匠宣传

于 20°的，并且颗颗个头饱满。他的火龙果不仅是一个品质优秀的农产品，更是传递匠心精神的果实。《这！就是火龙果太阳·种植匠！》发布后，通过腾讯视频等网络平台传播，"种植匠·火龙果"产品得到越来越多的认可。

（1）品牌包装。 为推动"种植匠·火龙果"产品的品牌化销售，新农财联合广州农商银行专门对"种植匠·火龙果"进行了包装设计，以"寻味大红——匠心红似火，甜蜜多寻味"的品牌标语高度概括了这款红心火龙果的匠心品质。品牌包装简约大气、辨识度高，适用于礼品往来和电商销售，规格为 2.5 千克装。

"种植匠·火龙果"包装

（2）品牌产品销售。 新农财联合广州农商银行太阳集市共同推广销售"种植匠·火龙果"。消费者对"种植匠·火龙果"的评价很高。不少消费者反馈，说印象中从来没吃到过这么甜的火龙果。"种植匠·火龙果"从打造到推广以及品牌化销售全过程的实践，证明了匠心出品的优质品牌农产品具有很高的复购率。此外，品牌效应也逐步凸显，"种植匠"品牌产品售价比同类产品平均市场价格高出 1 倍以上，销售仍然火爆，供不应求。

种植匠 红心火龙果自然熟现摘5斤装（原种台湾大红系列）

"种植匠·火龙果"上架广州农商银行太阳集市平台

实战小结

与时代精神同频共振

"种植匠"是新农财在农产品运营中所使用的唯一的通用型品牌。

新农财推崇品牌专用法则，除了"种植匠"以外，新农财注册的其他商标在实际应用中都只对应一种特定产品，因为一般来说，做成一个专用品牌的长期总收益可能大于通用型品牌延伸的效果。

为何"种植匠"是个例外？为何这个例外照样取得了巨大成功？有三个原因。

一是洞察时代精神的内涵。没有企业的时代，只有时代的企业。如上文所述，"种植匠"品牌的诞生，源于当前所处时代对农业变革的要求，是对国家形势、时代精神、行业趋势和产业规律作出的响应，它的精神源头并不是具体的人物或产品，相反，具体的人物或产品只是它的映射，其精神内核"执匠心，守农道"清晰地表达了这一点。

二是用时代精神召集大合唱。新农财竖起"种植匠"这面大旗后，整合了政府、生产基地、销售渠道、媒体、金融机构、人大代表、文艺工作者等方方面面的社会资源，贯穿了产品种植、生产服务、品牌传播和产品销售等全过程，形成了声势巨大的大合唱，其影响范围远远超出农业农村领域，这绝非新农财的独唱所能比拟。

三是为品牌承诺找到有力支点。新农财的其他品牌都脱胎于具体的人物故事，源于具体的产业产品，如果延伸到其他产业产品难以产生关联。而且，品牌精神的内涵对品牌的可延伸性有内在规定性，一般来说，品牌精神的内涵越窄，它的延伸空间就越小，品牌承诺就相对容易达成。

对于"种植匠"这个通用型品牌，如果要实现品牌内涵所要求的承诺，就必须找到有力的支点，支点越多，品牌被信赖的程度就越高。从纵向来说，仅凭农产品品质是不够的，还要有产业链重要节点的支撑才行；从横向来说，单个农产品是不够的，要有一系列高品质且有一定科技含量的产品才行；此外，最好还要有以种植者为中心，将横向和纵向各种要素组合在一起的平台。

这就是"种植匠"品牌最终呈现的模样，她不仅是一个品牌，更是一个涵盖产、供、销全过程的经营模式。

围绕"种植匠"品牌打造的产业链经营模式为：从单个基地的故事中提炼出特定的情感和功能，形成品牌定位和内涵，再制定品牌产品标准，然后在农产品基地应用和推广，让基地按照这个标准生产和供应农产品。

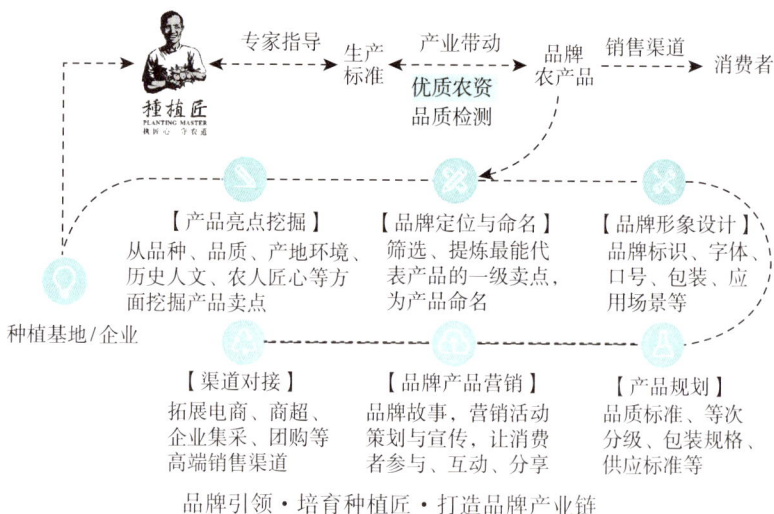

品牌引领·培育种植匠·打造品牌产业链

二、驮娘柚：最好的心意，给最亲的人！

"驮娘柚"品牌源自一个普通人因帮扶他人而与种柚结缘的故事。这个平凡的故事体现了人性的真善美以及在任何时代都会被赞美的一种美德——孝义，因此，新农财认为它值得被刻画与传播。经过一系列的品牌策划，"驮娘柚"被培育成为一个融合客家孝义文化的农产品品牌。

"驮娘柚"品牌培育及运营思路主要分成几个部分：一是呈现了一个有温度的品牌故事。通过品牌故事将客家文化中的孝义精神与优质农产品成功"嫁接"，并通过新闻媒体及互联网广泛传播。二是策划及举办系列品牌营销活动，包括组织有社会影响力的知名人士为孝义精神代言等，结合中秋节庆不断扩大品牌的"朋友圈"，并借势媒体传播，持续提升品牌热度和影响力。三是联合当地政府部门共建"驮娘柚"扶贫产业园，开创品牌农业扶贫模式，赋予品牌更大的社会价值。四是借助电商渠道，开展产品众筹、网络销售等活动，让消费者通过购买和品鉴"驮娘柚"产品，加深品牌印象，使品牌真正走向市场。通过这一系列品牌培育行动的不断实施，"驮娘柚"已成为最具辨识度的广东柚品牌之一，并且在拉动梅州蜜柚产业发展、带动农民增收方面取得了良好的经济效益和社会效益。

（一）品牌故事

柚子是广东梅州客家地区最具规模的特色经济作物，也是当地的主导产业。2015年底，成立不久的新农财遵循"聚焦特色经济作物主产区，从农产品品牌切入，反向整合产业链"的经营思路，迅速决策在梅州柚的核心产区梅县区松口镇，投资成立了一家控股子公司梅州市农管家农业服务有限公司，为当地柚子产业提供农资配送、农技指导等农业社会化服务，致力于帮助梅州柚实现"种好"。在这片土地上，新农财团队充分感受到了客家人的淳朴、勤奋和热情，业务开局顺利。

祝永旺是新农财团队服务的一位柚子种植户。他中等身材，略显黑黄的脸上常常挂着友善的笑容。白天任何时候与他见面，他几乎都是身穿蓝色及膝的工装和套靴在果园劳作。他在梅县区松口镇管理着一个超过 1 000 亩*的柚子园，规模在当地数一数二。他管理柚子园很有一套，柚子园每年出产的柚子有相当一部分用于出口，产品的品质非常不错。

在梅州种柚子的祝永旺实际上是一个地地道道的肇庆人。从广东西部不出产柚子的肇庆到东部的梅州种柚子，祝永旺与柚子结缘有一段感人的故事。

20 世纪 90 年代，中专毕业的祝永旺在珠海打工时受雇于一位祖籍为梅县的古姓老板，由于为人热心，做事厚道而深得信任。2006 年，古老板 70 多岁的母亲不慎摔伤，身体每况愈下，工作繁忙的古老板请他最信任的祝永旺帮忙照顾母亲。由于老人居住的住宅楼没有电梯，他每天将老人背下楼，送到医院；晚上再将老人送回来背上楼。寒冬炎夏，风雨无阻。在近一年的时间里，祝永旺把老人当作自己的亲生母亲一般悉心照顾，感动了老人及其家人。老人在临终前特别叮嘱古老板，要好好对待祝永旺，就像对待亲弟弟一样。2007 年初，老人没有顶住病痛的折磨离开人世。

老人离世后，祝永旺便想结束打工生活回老家就业。为表达感谢，古老板极力挽留，并建议他到梅县区松口镇帮忙打理一个一直效益平平的千亩柚子园，后来索性将果园承包给他。没想到，祝永旺竟然在这片柚子园扎下了根，开创了属于自己的一番事业。

种柚子是个技术活。此前没有种植经验的祝永旺能够把柚子种

---

* 亩为非法定计量单位，1 亩＝1/15 公顷。——编者注

好，靠的是坚持不懈地学习和琢磨。为了将柚子种好，他把家搬到这片柚子园里，浇水、施肥、打药、除草、修剪等每一项农事操作，他都亲力亲为。他还坚持每天记录柚子园气象数据，以掌握柚子树的详细生长情况，适时调整种植方案，让柚子的品质变得更好。靠着这份用心，10 年来，祝永旺逐渐成为一名真正的种柚子能手，柚子园的年产量也从刚接手时的 30 万千克提高到 150 多万千克，大部分达到出口欧盟的标准。

当祝永旺在柚子园讲述他的故事时，聆听者脑海里不断闪现的是他背着老人往返医院的画面。这是一个善良、靠谱并且有匠心的聪明人，他能把柚子种好是毫不奇怪的。虽说他服侍的是老板的母亲，但这里面并没有太多的功利色彩，更多的是充满温情和那种内化于心、外化于行的孝义精神。

客家之风，首推孝义。在外人看来，祝永旺所表现出来的这种特质是他能得到客家人古老板的信任，以及能够扎根客家梅州开创一番事业的重要原因。而且，祝永旺的这种孝义精神还被他成功地延续到了农产品上：用心做好产品，为社会提供更多优质、安全的农产品。这何尝不是一种更大意义上的孝义呢！

新农财团队根据他的故事，把他种出来的柚子取名为"驮娘柚"。"驮娘柚"的故事所要表达的核心价值观：一个有孝心的人，必定会凭着良心种植农产品，必定会在农产品种植源头把好质量关。因此，"驮娘柚"不仅是个农产品品牌，更是向社会传递孝义精神的果实承载。

这个策划思路形成后，新农财将祝永旺和"驮娘柚"的故事从新闻事实的角度进行塑造并通过媒体报道传播。《南方农村报》在头版头条以《十年匠心铸精品　"驮娘柚"传承孝心》为题，《南方日报》以《有孝心的人，会凭着良心种植农产品》为题同一天对这个故事进行了报道。在报道中被反复提及的"驮娘柚"也由此迅速"霸屏"，一炮而红。

新农财趁势推出了一系列"驮娘柚"品牌营销策划:"驮娘柚"进入百度百科词条等网络百科全书名录,名人代言推广孝义精神,成立"驮娘柚"扶贫产业园,产品众筹预售等,这些品牌策划案例成功落地后,"驮娘柚"不仅成了最具辨识度的梅州柚品牌,也成为客家孝义精神传播的最佳实物载体。

"驮娘柚"品牌的培育过程让人深刻感触到:孝义之情随人类诞生而萌芽,扎根于人的内心,自从人类社会实行家庭制后又绵延不绝,所以,一旦有个词能具象地表现出这种感情,就会让人产生似曾相识之感。2016年,也就是"驮娘柚"品牌推向市场的第一年,有位消费者很认真地问道,"驮娘柚"是个老字号吧?你们做了几年了?这,就是人类原始情感被触发的力量!

"驮娘柚"品牌也极大地带动了新农财在梅州子公司的业务。2017年,梅县区松口镇政府与新农财联合共建了"驮娘柚"扶贫产业园,依托"驮娘柚"品牌带动当地贫困户种柚脱贫。这个品牌扶贫模式成效显著,被广东省扶贫部门视为产业扶贫的创新案例,广东省、各地市扶贫部门和相关领导都曾到"驮娘柚"扶贫基地调研、考察。

"驮娘柚"是新农财培育农业品牌的经典实践案例之一。在"驮娘柚"的品牌策划中,新农财非常注重对故事的新闻性和社会效应的评估,因为这有助于得到媒体的关注和报道,有利于品牌的培育和传播。事实也证明,省市各级媒体的大量宣传报道,是"驮娘柚"品牌得到快速传播和认可的最有力武器。

(二)品牌主张

"驮娘柚"品牌的核心价值是行孝重义的孝义精神,这种精神在农产品上演绎的逻辑是:一个有孝心的人,必定会凭着良心种植农产品,必定会在农产品种植源头把好质量关。这样的农产品品质无疑是值得信任的,而信任不正是商业的本质吗?!

那么，"驮娘柚"的品牌价值主张应该怎么来阐述呢？

柚子是中秋节家人团圆和馈赠亲友必备的水果，其谐音"游子""佑子"，具有团圆、吉祥之意。梅州出产的蜜柚最佳上市时期，恰逢象征着团圆的中秋佳节。正如《行路难》有云："寄言世上为人子，孝义团圆莫如此。"因此，在中秋节前上市的"驮娘柚"，天然地成为弘扬孝义精神的最佳水果代表。

新农财从产品营销角度并结合中秋节庆氛围，提出了"驮娘柚"的品牌主张：最好的心意，给最亲的人！自古馈赠亲友之礼，莫不是一种心意的表达，一份好礼，讲究的不只是价格贵重，相比价格，情感和文化才是心意的至真、至善、至美体现，也是打动一个人的核心因素。

所以，佳节送亲友，浓情"驮娘柚"！

（三）品牌形象

针对"驮娘柚"品牌，新农财设计了一个非常贴近"驮娘"故事本身的形象logo：一个年轻男子背着一位老母亲，下方"驮娘"两个大字是对上面人物身份和行为的清晰阐述；"LOVE MUM"，爱妈妈，直白表达情感。

"驮娘柚"品牌 logo

"驮娘柚"品牌 logo 的整体形象，就是力图直接明了地传递一种价值观：爱老行孝。

（四）品牌传播

"驮娘柚"品牌能够被成功塑造，新闻媒体功不可没。想要让媒体为品牌传播助力，品牌故事必须符合社会公共价值和新闻传播规律，品牌方需要主动挖掘题材推荐给媒体进行报道。

1. 媒体持续报道，网络百科全书收录，"驮娘柚"成"网红"

2016 年 6 月 23 日，《南方农村报》以《十年匠心铸精品 "驮娘柚"传承孝心》为题，《南方日报》以《有孝心的人，会凭着良心种植农产品》为题首先报道了"驮娘柚"的故事。很快，这两篇报道便被不少网络媒体转载，报道中反复提及的"驮娘柚"也迅速成了热词。"驮娘柚"自此开始了它的"走红"之旅。

农财网迅速接棒，连续推出《驮娘柚？又有农产品网红出现啦？快扶我起来看看！》《天呐，种驮娘柚竟然是这样的一群人！》《长寿老人都爱吃柚子！长寿之乡的"驮娘柚"迅速走红》等系列报道，大大提升了"驮娘柚"的热度。"驮娘柚"相关报道引发部分

《南方农村报》头版报道

《南方日报》专版报道

网友"好人有好报"的感叹，农财网、《南方农村报》迅速跟进，以《"驮娘柚"引发网友热议！好人是否有好报，你怎么看？》为题，发起了"好人是否有好报"的在线问卷调查。根据调查结果，很快又一篇报道《相信"好人有好报"的人超过 50％！有善心的人更能获得帮助！》，为"驮娘柚"的热度再添了一把火。《梅州日报》也关注到祝永旺和"驮娘柚"的故事，并以《肇庆人祝永旺来梅种柚十年获评"中国种植匠"》为题进行了报道；新牧网、中国农资传媒、吾

谷网等媒体也对相关报道纷纷转载，中国畜牧业有巨大影响力的新牧网还以《驮娘柚引发热议，有孝心就能养好猪吗?》《天呐，驮娘柚竟然是这样种的，和养猪人比有一拼》等为题，跨圈发起话题，更是让"驮娘柚"火出了圈。借助众多媒体的力量，在短短两三个月时间内，"驮娘柚"便迅速成为一个名副其实的"网红"品牌。

为巩固和提升"驮娘柚"的知名度，在媒体不断报道的同时，新农财编辑了"驮娘柚"词条，成功被百度百科、搜狗百科录入，成为网络百科全书中的专有词汇。

"驮娘柚"被百度百科、搜狗百科等收录后，其检索量不断上升，仅百度平台的检索量就达到 5 万条以上。

作为一款农产品品牌，"驮娘柚"产品能否得到市场的认可，才是品牌力的试金石。每年的产品上市节点，新农财都会精心策划有关话题并开展品牌营销活动，比如发起"柚见中秋　邮爱回家"的产品网络众筹预售活动，举办"驮娘柚"扶贫产品发布会等，并提炼出亮点内容吸引媒体的关注和报道。除了《南方日报》《南方农村报》《梅州日报》等省市主流媒体外，新华社旗下《瞭望》周刊、中国网、中国经济网等中央级媒体也多次在报道中提及"驮娘柚"的产业示范带动案例。广东广播电视台、梅州广播电视台、梅县电视台等电视媒体更是多次以专题片的形式呈现"驮娘柚"的故事和产业带动情况。

广东广播电视台报道驮娘柚扶贫　　　游子梦盼归　驮娘柚传情宣传片

一系列品牌活动和媒体报道不但提升了"驮娘柚"的知名度，

还有力拉动了"驮娘柚"产品的销售业绩。一些渠道如广东农信社为推广销售"驮娘柚"产品，主动将"驮娘柚"故事的相关素材制作成精美的宣传片，放到其电商渠道和网络上传播。

在诸多重量级媒体的宣传推动下，"驮娘柚"成为梅州柚中最有辨识度的柚子品牌。

2. 创新产业帮扶模式，建设"驮娘柚"扶贫产业园

"驮娘柚"走红后，新农财与祝永旺也加强了合作，共同建立了千亩规模的"驮娘柚"标准化栽培示范基地，提升"驮娘柚"在当地种植者中的辐射带动作用。"驮娘柚"也得到所在地松口镇党委、政府和梅州市、县农业部门的关注和支持。

从 2016 年开始，松口镇党委书记便与新农财董事长毛志勇经常探讨如何利用"驮娘柚"品牌影响力和新农财梅州子公司的社会化服务能力，建立一种"政府＋企业"合作带动贫困户脱贫的模式。在这个模式中，松口镇政府投入产业扶贫资金，支持建设"驮娘柚"扶贫产业园，产业园由新农财运营，为贫困户提供劳务岗位、技术指导、优惠农资等，并通过种植示范，支持贫困户发展柚子种植增加收入，达到"驮娘柚"品牌标准的柚子，由新农财优先优价收购。此外，对于松口镇政府投入的产业扶贫资金，新农财保证在合作期内，每年给予平均不低于 8% 的固定回报，这部分收入由政府统筹发给松口镇的贫困户。双方合作期为 6 年，期满后新农财归还产业扶贫资金的本金。

合作框架和细节谈定后，2017 年 3 月 28 日，新农财及梅州子公司与松口镇政府举行了"驮娘柚产业园成立暨扶贫济困基金会发起签约仪式"，通过"政府主导，市场运作"的方式建立"驮娘柚"扶贫产业园，让当地有劳动能力的贫困户参与产业园建设。贫困户一方面可以获得劳务报酬，另一方面还可以分享产业园带来的效益分红。另外，新农财还承诺，每卖出一箱"驮娘柚"就捐出一元钱给松口镇的扶贫济困基金会。

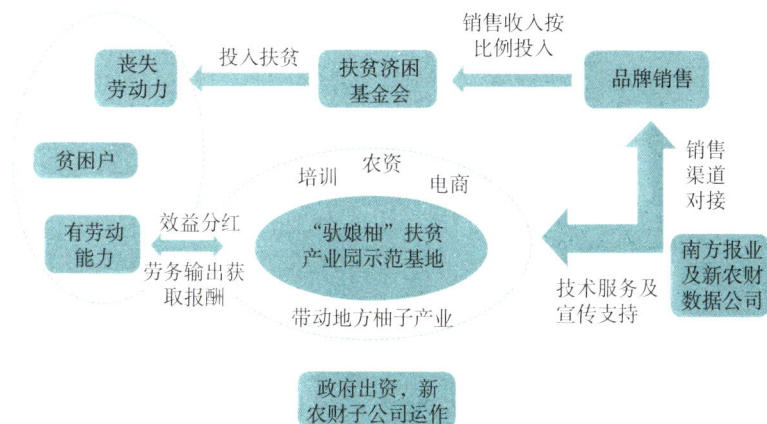

"驮娘柚"精准产业扶贫市场化运作模式

　　"驮娘柚"扶贫产业园的模式得到广东省扶贫部门的关注和支持，梅州市、梅县区扶贫部门和农业部门，以及南方农村报社的相关领导也亲临现场并致辞肯定这一创举。《南方日报》、南方+、南方网、《南方农村报》和《梅州日报》等诸多媒体不仅对成立仪式进行了多角度的报道，在该项目运行期间还持续给予关注和报道，引起了较大的社会反响，广东省农业农村厅、梅州市人民政府等官方网站也多次转载相关报道。而且，作为一种品牌扶贫的新模式，"松口镇扶贫产业园"还被百度百科、搜狗百科以词条形式收录。

　　"驮娘柚"扶贫产业园项目运行期间，广东省扶贫部门、梅州市政府、梅州市农业部门以及梅县区委、区政府等部门的主要领导都曾到"驮娘柚"示范基地考察调研，并对这一品牌扶贫模式给予高度评价。

　　"驮娘柚"扶贫产业园建起

驮娘金柚专业合作社场地

来后，为进一步发挥品牌带动作用，新农财组织成立了驮娘金柚专业合作社，购置了大型货车，租赁了大型仓库，完善品牌产业链，帮助广大种植户更快速更高价卖出高品质的柚子，提高效益。

"驮娘柚"扶贫产业园项目的落地，让"驮娘柚"的品牌知名度再次得到巨大提升，"驮娘柚"的品牌内涵也由孝敬亲友的小爱升华为帮助贫困户的大爱，所谓"老吾老以及人之老"是也。毫不夸张地说，"驮娘柚"至此已成为梅州最有影响力的柚类品牌，在梅州乃至广东的农业领域，几乎是无人不晓。

3. 名人代言推广"驮娘柚"

"驮娘柚"的品牌内涵是孝义精神，天然容易获得人们的情感共鸣。如何让"驮娘柚"走出梅州，得到更广泛的品牌共鸣呢？最好的办法就是让品牌与用户产生互动，并让用户愿意参与和分享。

新农财的做法是在中秋佳节前，邀请有影响力的人来代言传播，这既是为"驮娘柚"代言，也是为孝义精神代言。该活动得到众多社会贤达和行业名人的热情参与，累计超过 100 位各行各业的人士参与了代言活动。具体做法：每个人提供一句有关"孝"的话语，并提供一张个人照片，制成一张"驮娘柚"推广海报，在朋友圈、社群进行转发传播。

2016 年 7 月，新农财首先在农业圈发动企业老板、公司高管及行业专家等业界知名人士参与活动，大家的参与热情、认真程度之高超乎想象，很多人对自己的代言内容反复琢磨、推敲，直到认为最适合为止，还有不少人为了提供一张好照片，专门请摄影师拍摄甚至到照相馆拍照。

在代言活动中，大家"金句"频出，令人惊喜，"不让父母操心，就是最好的孝道""种善因，得善果""孝悌做人，诗书立业""百善孝为先，唯爱普众生"……这些话语情真意切，令人感动。不少企业家抓住这次代言机会，将孝义精神与自己的企业名称或价值观进行巧妙联结，在为"驮娘柚"代言的同时也帮自己的企业打了个广告。如"孝者兴家，易者兴邦"（青岛易邦生物工程有限公司高管张丽宏）、"富而思源，驮娘柚"（广东富爱思生态科技有限公司总裁张清永）、"驮娘柚，卓尔不群、赢（银）在未来"（广东卓银农资连锁股份有限公司董事长温国辉）……

企业家等代言推广"驮娘柚"

众多知名人士高涨的参与热情充分证明，孝义精神成功地引起了社会的情感共鸣，"驮娘柚"则成为最好的载体。大家纷纷主动转发传播，"驮娘柚"品牌影响力进一步扩大，并且拉动了"驮娘柚"产品的销售，用"驮娘柚"送亲朋、赠客户，几乎成了当年中秋节农业圈的一种潮流。

此后，在每年的"驮娘柚"上市前夕，名人代言推广品牌活动几乎成为新农财的固定动作，从2017年起，代言人群扩大到美

美食达人、音乐人等代言推广"驮娘柚"

食达人、音乐人等社会各界知名人士。同时，"驮娘柚"品牌内涵进一步延伸，借助"驮娘柚"扶贫产业园建设的东风，在传递孝义文化的基础上，加入扶贫元素，向社会庄重承诺"每销售一箱柚子，捐出一元钱用于扶贫"，期望通过拉动"驮娘柚"品牌产品的销售，助力地方扶贫事业。

4. 举办"驮娘柚"扶贫产品上市发布会

2017年以来，经过对"驮娘柚"品牌的持续宣传和推介，特别是随着"驮娘柚"扶贫产业园的建设，"驮娘柚"品牌的内涵和外延不断得到升华和扩展。2017年9月1日，在"驮娘柚"即将上市的前夕，新农财联合南方农村报社、梅州市农业局、松口镇政府等各级政府部门和有关单位，以及鲜特汇、岭南优品、经选商城等一批有影响力的电商平台和对口帮扶松口镇的驻村扶贫干部等，共同举办了"驮娘柚"扶贫产品发布会。主办方现场对扶贫产品"驮娘柚"进行了推介，并提出"销售一箱柚子，捐出一元钱用于扶贫"的品牌营销策略；同时举行了渠道商签约等活动，进一步把"驮娘柚"品牌与精准扶贫事业紧密结合。众多媒体对此进行了报道。

"驮娘柚"扶贫产品发布会

广东网络广播电视台报道驮娘柚扶贫：卖一箱柚子捐一元钱

《梅州日报》2017年9月2日第2版报道

5. 举办"驮娘柚"杯好柚子大赛

品质是品牌的基础，"驮娘柚"经过数年的品牌培育和市场营销，社会知名度和产品销售量不断增加，品牌产品溢价明显。为进一步发挥"驮娘柚"品牌对梅州柚产业的带动效应，在梅州市及梅县区农业农村局、松口镇人民政府等政府部门的支持下，2019年4月9日，新农财联合金融单位、采购商、种植专业户、农资生产企业等柚果产业链各方代表，启动"驮娘柚"杯好柚子大赛，推动梅县区做大做强柚子产业。

举办"驮娘柚"杯好柚子大赛

大赛面向梅州地区征集示范园参赛，邀请业内知名专家及专业人士作为评委，公开对示范园进行点评，并为获奖果园或个人颁奖。此次大赛还在梅州范围开展短视频比赛，意在激励农户利用新型互联网工具宣传推广自家柚子园，开展电商销售，真正实现种好、卖好梅州柚，获奖农户将获得丰厚的物质和现金奖励。

为办好本次活动，新农财引入了普惠金融支持柚农发展产业。新农财子公司梅州农管家与梅州农商银行在金柚产业振兴的金融服务方面达成战略合作，首批授信额度1 000万元用于支持梅州柚农种好柚子，提升产业效益。农户通过存单质押的方式申请农资贷，在享受银行定期存款利息上浮 50% 的优惠外，还能得到梅州市农管家农业服务有限公司的农资授信支持，减少农户的种植投入压力。

借势"驮娘柚"杯好柚子大赛，梅州市农管家农业服务有限公司定期举办优秀柚子园示范观摩会，激发了广大柚农的参赛热情，让大家比学赶超，努力提升柚子园管理水平。经过持续全年的宣传推广，在柚子上市前夕，超过 100 家优秀柚园提供高品质的产品参与好柚子评选角逐，经过现场评委口感品鉴评分、专家质询等严格的评选环节，评出了一批梅州好柚子、年度好柚子园以及柚子种植匠。

南方＋对本次大赛进行了专题报道。通过举办好柚子大赛活动，"驮娘柚"的知名度在梅州柚产区更加深入人心，成为梅州柚品牌培育的标杆。

南方Plus
广东头条新闻资讯平台

品牌强农擦亮"粤字号" "驮娘柚"杯中国好柚子大赛梅州开锣
农财宝典 南方报

4月9日，"粤字号"品牌推介活动——梅州柚"驮娘柚"杯中国好柚子大赛暨农资贷启动会在梅州市梅县区松口镇人民区成功举办！本次活动由梅县区松口镇人民政府、梅州市农商银行共同主办，农财网、梅州农管家承办，柚子种植及电商销售专家、柚果渠道商以及梅县、蕉岭、大埔主产区的种植大户、农资企业和梅县区农业农村局相关领导等200余人出席了活动。柚果

南方＋报道"驮娘柚"杯好柚子大赛

"驮娘柚"品牌营销的重要活动大多放在柚子上市前夕举办，但在一些重要的节点，新农财也会推出相关的品牌策划活动。比如 2017 年 9 月 15 日，在"驮娘柚"开摘当天，新农财联合松口镇政府和一批国内知名农资企业，共同举办了"驮娘柚开摘仪式暨松口镇驮娘柚扶贫济困基金会授赠仪式"，各大企业对"驮娘柚"品牌扶贫的公益举动高度认可，大家纷纷采购"驮娘柚"和捐赠物资，以实际行动表达对"驮娘柚"扶贫公益事业的支持。活动当天，扶贫济困基金会即收到捐赠资金和物资超过 6 万元。

另外，在尊老敬老的节日重阳节，新农财举行了"驮娘柚"兑现捐赠承诺，为贫困老人献爱心活动。在"驮娘柚"基地负责人祝

永旺的带领下，新农村团队看望当地贫困老人，并献上爱心红包。这一善举得到了《南方农村报》的专版报道。

"驮娘柚"重阳献爱心活动

扶贫敬老 "驮娘柚"重阳献爱心

《南方农村报》2016 年 10 月专版报道

随着权威媒体报道、地方政府背书、社会名人代言、品牌产品发布等一系列品牌营销举措的成功实施，"驮娘柚"品牌可以说真正地立起来了。

（五）品牌产品营销

"驮娘柚"产品自上市以来，一直收获着良好的市场口碑。从 2016 年开始策划"驮娘柚"品牌时，新农财便同步启动了产品的市场销售计划、确立产品规格、定制品牌包装、沟通快递物流等，以及在正式发货时派驻专人在现场做好品控。在产品销售推广方面，新农财除了通过众筹等方式开展预售外，还积极拓展了一批优质电商渠道以及企业集采、社区团购渠道，当年"驮娘柚"品牌产品的销售额便突破了 100 万元。

品牌的基础在于品质。好柚子应该具备什么样的品质？又该如何定义优质的驮娘柚？新农财采访了祝永旺以及多位富有经验的种植者、柚子产业专家等，大家给出的结论大致相同：品质好的蜜柚，甘甜微酸，可口无渣，水分要足；外观上，表皮光滑有光泽，掂起来分量感足，皮薄，大小适中，重量一般为2.5～3斤 * 。根据这些描述，好柚子的基本外观标准是皮薄，内在品质核心则取决于其甜度。

结合简短易记的传播规律，新农财提炼了优质驮娘柚的品质特点：皮至薄，心如蜜。这句品质描述的口号也与"驮娘柚"的品牌内涵具有一定的贴近性。在产品上市的品控过程中，新农财完全按照这个标准对产品进行质量把关。

为进一步做好"驮娘柚"产品的生产工作，新农财充分吸收柚子产业专家以及祝永旺等梅州柚种植匠的经验技术，制订了种植匠标准化生产操作规范·"驮娘柚"（蜜柚）生产管理方法，以此指导和规范"驮娘柚"的种植管理过程，保障产品品质。

"驮娘柚"（蜜柚）生产管理方法

1. "驮娘柚"众筹预售活动

发起众筹预售活动是新农财推动"驮娘柚"品牌落地的重要策划。"驮娘柚"品牌影响力起来了，但市场接受度到底怎么样？这种堪称"高举高打"的品牌操作手法能否真的把农产品卖起来？大家都想得到一个答案。

柚子属于生鲜农产品，销售期不长，按照传统做法，找销售渠道洽谈价格、寄送样品、沟通物流等按部就班地推进各项工作，等到中秋节临近，产品上市了再慢慢卖，这样的做法也不是不行，但对于当时农产品销售经验、能力和渠道资源均不足的新农财而言，销售成绩估计会很惨淡，而且也得不到新农财想要验证"驮娘柚"

---

* 斤为非法定计量单位，1斤＝500克。——编者注

品牌模式是否可行的真正答案。

于是，新农财提前做工作，策划主题为"柚见中秋　邮爱回家"的"驮娘柚"产品众筹活动，在象征家庭团圆的中秋佳节来临之际，鼓励大家购买"驮娘柚"赠送亲朋好友，将最好的心意，送给最亲的人。

2016 年，新农财在众筹网发起目标为 50 000 元的众筹，一份"驮娘柚"按产品规格不同，众筹价格分别为 29 元和 39 元。

众筹活动开启后，在新农财团队的大力推广以及名人代言的加持下，众筹进度堪称势如破竹。为期一个月的众筹活动，提前17 天就完成目标，最终以 107 115 元的销售额，1 501 人的支持人数，214% 的完成率远超设定的目标。当然，众筹活动也极大地带动了产品的销售，2016 年通过电商渠道完成了 1.5 万箱的销量。

这次众筹预售策划的成功，对于新农财团队和"驮娘柚"品牌来说均很重要。新农财提出了一个目标，在各界朋友的帮助下实现了它，这是市场对新农财的肯定；同时目标的顺利实现，也饱含着市场对"驮娘柚"品牌成长的一种美好期待。因此，对于当年的众筹活动以及后续进展，《南方农村报》等媒体给予了特别关注，并进行了报道。

2017 年，在"驮娘柚"产品上市前期，新农财继续举办"柚见中秋　邮爱回家"主题众筹活动。在广州农商银行太阳集市平台发起目标为 50 000 元的众筹，最终以 174 389 元的业绩，349% 的完成率连续第二年远超设定的众筹目标。

2018 年，新农财再接再厉，在"驮娘柚"产品上市前，以"美味驮娘柚　只送最亲人"为主题，连续第三年在广州农商银行太阳集市平台发起目标为 50 000 元的众筹，结果提前 5 天达成目标。

连续的众筹成功，得到了《梅州日报》《南方日报》《南方农村报》等媒体的持续关注和报道。

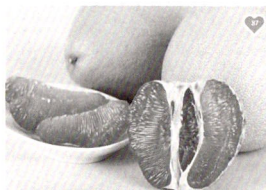

驮娘柚实物众筹－柚见中秋 邮爱回家

驮娘柚，产自于广东梅州。种植人祝永旺因一片孝心感动贵人，并因此与柚子结缘，故他为自己种植的柚子取名为"驮娘柚"，本次众筹的蜜柚均产自15年以上的老树柚果，皮薄肉厚，甜蜜多汁。

美味驮娘柚 只送最亲人 中秋——众筹健康美味梅州蜜柚

驮娘柚，是广东梅州的孝义品牌柚子。驮娘柚合作社成员是一群管理经验丰富的种柚匠人，齐心种出匠心好柚在中秋节前上市。

目标金额	已筹金额	剩余时间
50000 元	174389 元	0 天

目标金额	已筹金额	剩余时间
50000 元	51395 元	5 天

"驮娘柚"众筹预售系列活动

《梅州日报》2016 年 8 月 24 日 02 版报道

2. "驮娘柚"品牌包装

新农财对符合"驮娘柚"标准的产品专门设计包装，分别设计精品装和礼品装两款纸箱包装。包装画面风格朴素，以简笔勾勒出柚子形状并匹配文字"驮娘柚"，下方小字表明其品质特点：皮至薄，心如蜜。包装正面突出"驮娘柚"的品牌主张：最好的心意，给最亲的人！包装的一个侧面体现"种植匠"的品牌 logo 及"执匠心，守农道"的品牌主张，另一个侧面则呈现"驮娘柚"品牌 logo，整体力图表明产品属于匠心出品，品质有保障。包装规格有 2 枚装和 4 枚装，以 2 枚装为主。

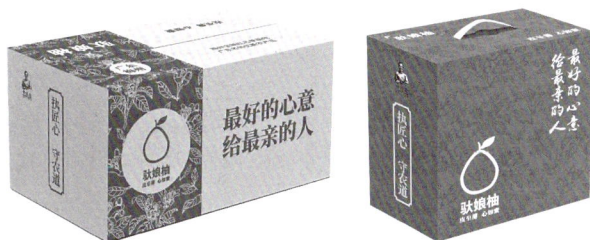

"驮娘柚"品牌包装

3. "驮娘柚"品牌产品销售

"驮娘柚"的产品销售以电商渠道为主。在渠道合作方面，新农财与鲜特汇、经选商城、太阳集市、银联等一些知名的电商渠道建立了合作，同时还重点拓展了企业礼品集采、社区团购等销售渠道。

"驮娘柚"根据产品搭配分为红肉蜜柚、白肉蜜柚以及一红一白搭配，每箱（2 枚装）定价 29～39 元。这个价格比普通梅州蜜柚高出 50％～100％；在地头采购方面，新农财为符合"驮娘柚"品质标准的产品支付比市场平均价格高 20％以上的采购价。对于一款定位为中秋送亲友的优质蜜柚产品，它无疑是体面且价格合

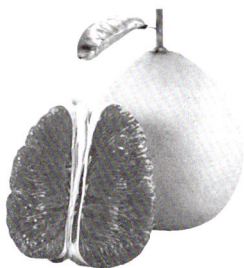

南方农村报推荐　驮娘柚 梅州红肉+白肉蜜柚 2枚装

"驮娘柚"上架鲜特汇平台

理的，新农财力图在农民尊严和消费自由之间尽量做到平衡。

"驮娘柚"的口碑得到了市场验证，在部分电商平台，"驮娘柚"成了爆品，比如鲜特汇平台，"驮娘柚"（一红一白 2 枚装规格）一上线，便受到热心用户的抢购，一度卖断货，其火爆程度甚至引发了媒体的关注和报道。

除了电商渠道，新农财线下的企业集采和社区团购渠道也对"驮娘柚"很感兴趣。在临近中秋的销售高峰期，前来基地拿货的货车络绎不绝。近年来，"驮娘柚"线下的年出货量都超过 15 万千克。

"驮娘柚"产品分拣、包装现场（务工者均为当地农户和贫困户）

包装好的"驮娘柚"产品等待出货

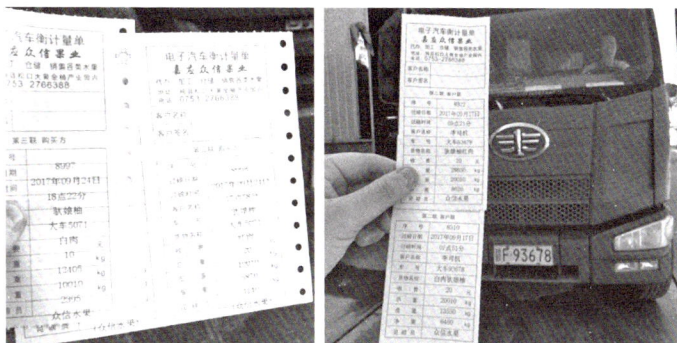

"驮娘柚"产品过磅发货小票

实战小结

善用文化资产　小爱升华大爱

"驮娘柚"作为新农财培育的一款农产品品牌，无疑是成功的。通过包括品牌故事、品牌形象、品牌主张、品牌传播以及品牌产品销售等全过程的运营，在省市权威媒体、省市县镇各级地方政府、社会名人等各方资源的支持和推动下，"驮娘柚"品牌一步一步成长，成为最有市场知名度的梅州柚品牌。"驮娘柚"品牌的网络检索量在梅州柚相关品牌中排名第一，各大媒体对"驮娘柚"的新闻报道篇数累计超过100篇次，转载量超过100万次。

"驮娘柚"品牌打造主要有三个关键点：

一是善于发掘和表达传统文化的精髓。"百善孝为先"，孝义故事在各行各业都不缺少，缺少的是发现的眼睛和提炼的功力。"驮娘柚"这个名字非常形象、准确和简洁地概括了孝义精神与柚子产业的结合，光看品牌名字就知道是有故事的柚子。

二是用好本地以及更大范围内的社会资源。一个产品能连接产业链上的各类利益相关人群，一种精神能打动所有认可这种精神理念而且无涉个人利益的人群，在弘扬"老吾老以及人之老"精神的驮娘柚案例中表现为代言的歌手、教师、记者、企业家等。

三是为政策落地找到发力点。新农财与当地政府共建驮娘柚扶贫产业园的举措，有效地落实了精准扶贫政策，在保障扶贫资金安全增值的前提下，让贫困户充分参与进来，不仅帮助贫困户增加收入，还为其提供积累市场化能力的机会，成功地将孝敬老人的小爱升华为帮助贫困户脱贫的大爱。

在社会各界的努力下，"驮娘柚"品牌的影响力不仅体现在不断增长的知名度上，更为重要的是它得到了消费市场的认可，收获了美誉度和忠诚度。"驮娘柚"的品牌效应逐步显现，已成为梅州柚中市场售价较高的品牌农产品（比市场平均价格高出 50%～100%），而且在产业扶贫、带动农户增收方面也发挥了积极作用。随着乡村振兴战略的实施，"驮娘柚"必将在新时代的梅州柚产业振兴中发挥更加重要的作用。

三、山瑶脆柑：深情厚义，方得柑脆！

"山瑶脆柑"源于云南瑶胞在广东种柑脱贫的故事。"山瑶"即过山瑶，指的是我国少数民族瑶族的过山瑶支系；"脆柑"，从字面上理解就是一种脆的柑橘，这是一种刻意的提炼，因为脆的口感在一般情况下很难与柑橘类水果发生联系。"山瑶脆柑"这个名字，基本概括了产品的特点和来历，也符合这个品牌的故事主题。实际上，"山瑶脆柑"是广东的一种特产皇帝柑，又称贡柑，是橙与橘的杂交种，果肉脆爽化渣，清甜香蜜，兼具橙与橘的优点。新农财策划这个品牌，除了在品牌故事、品牌内涵、产品特点等方面进行发掘和提炼，还特别在产品的销售方式上做了一些创新，力图打造出具有差异化的个性品牌。

"山瑶脆柑"面世不久便迅速走红，特别是在意外地获得"杂交水稻之父"袁隆平院士称赞后，一度得到众多媒体持续密集的报道。至今，与"山瑶脆柑"有关的网络检索量高达100万条以上，堪称一个名副其实的"网红"品牌。

(一) 品牌故事

2015年11月13日，在第四届惠州现代农业博览会现场，"杂交水稻之父"袁隆平院士在时任广东省农业厅副厅长程萍等领导的陪同下参观展会，见到身穿瑶族服装的瑶胞在展位前推介"山瑶脆柑"，便停下脚步好奇地问："什么是山瑶脆柑?"对广东农业非常熟悉的程萍副厅长仔细看了几眼"山瑶脆柑"后，告诉袁隆平院士，这是广东的特产皇帝柑。瑶胞们顺势递上切好的"山瑶脆柑"，并热情地邀请袁隆平院士和领导嘉宾们品尝。袁隆平院士品尝之后对"山瑶脆柑"赞不绝口："好吃，好甜。"

这一幕很快被网友转发分享以及被《南方农村报》、农财网等媒体报道转载，随后《南方日报》《南方都市报》《惠州日报》《东江时报》及南方网等众多媒体纷纷跟进报道，一时间，"山瑶脆柑"迅速"霸屏"走红。谁都没有想到，"山瑶脆柑"的第二波传播来得如此之快，且势头完全盖过了第一波。

第一波传播是指惠州农博会开幕的10天前，"山瑶脆柑"因"瑶民种柑脱贫"的故事成为《南方日报》《南方农村报》《惠州日报》等媒体关注的焦点。"瑶民种柑脱贫"讲述的是一群来自云南的瑶族工人受雇于广东惠州贡柑种植大户叶少东，通过种植贡柑脱贫致富的故事。

贡柑的主产区原本在广东的四会、德庆一带，由于清甜低酸的品质特点，市场接受度颇高，近年陆续扩展到广东惠州、韶关、清远以及广西部分地区。2009年，叶少东在惠州市惠东县白盆珠水库附近的山地开辟出一片贡柑种植园。早期开荒种果的工人中，有一批来自云南省文山州富宁县的瑶族人，他们在几年前叶少东做桉树生意时就彼此熟识。

瑶胞们来自大山，虽然文化程度较低，但朴实、勤快、吃苦耐劳。在他们的帮助下，叶少东的果园从无到有，从小到大，成为惠东县规模最大的柑橘基地。同时，瑶胞们也通过给叶少东打工，逐步掌握了种植技术，并通过以家庭为单位实行分片承包管理的模式，获得了比他们之前打山工要高得多的收入。瑶胞们通过种柑赚了钱，实现了脱贫，回到家乡盖上了新房。有些瑶胞返乡后还在家乡种起了贡柑。

这个故事，是新农财团队在2015年10月底，到惠东县拜访广东贡柑种植大户叶少东时所了解到的。当时距离广东的贡柑上市还有一个月左右，新农财打算推出一个贡柑品牌在市场上亮相。在讨论产品的卖点时，有同事提出"脆柑"的创意，因为在贡柑的品质特点描述中，有"肉脆化渣"之说。原来，贡柑在果实表皮尚未转色变黄之前，也就是离大规模上市大约还有半个月的时候，如果管理得当，即已适合鲜食，有部分抢早的农户会采摘果品拿到市场上售卖，此时的柑果味道清甜，果肉紧致，用脆字来形容，确实比较贴切。如果要推"脆柑"品牌，在销售时就应该主推果皮尚未完全变黄这个时期的产品。

当时新农财团队有一个顾虑，就是此前从未有人用脆来形容柑橘类水果，尽管"脆柑"有些新意，但在品牌内涵以及品牌故事演绎方面未免显得单薄。不过，新农财还是决定按照这个思路推进。

从2015年10月开始，新农财团队陆续走访德庆等传统贡柑产区，寻找优质贡柑基地，希望能在产品品质方面找到"脆"的支撑。考察一圈后，结果并不理想，大多数农户不赞同贡柑在转色变黄前上市，另外，基于传统的种植理念、技术以及气候等因素，贡柑在品质上也达不到提早上市的要求。于是，新农财团队把目光转向了近年发展的新区，在惠东县，实地走访发现叶少东的种植规模最大，果园管理也比较好，而且他愿意配合"脆柑"的产品打造计划。

当时，已在水果领域创业的前媒体人马小六对新农财打造"脆柑"的想法很感兴趣。他也参与进来，随同新农财团队一起再次到叶少东的果园考察。在了解完叶少东的创业经历以及他和瑶胞的故事后，具有新闻敏感的马小六提议在"脆柑"产品中加入"山瑶"这个元素，合起来就叫"山瑶脆柑"。这个名字有故事、有卖点，又有扶贫的意义，大家一拍即合。

新农财把这个产业扶贫的选题报送给了《南方日报》等媒体，得到媒体的重点关注。很快，新农财团队便陪同《南方日报》《南方农村报》《南方都市报》的记者再度造访了叶少东的果园，对瑶胞们和叶少东进行了深度采访，将他们互助种柑的故事从新闻事实的角度进行采写。《南方日报》以《种柑大户的"助瑶"情结》为题，《南方农村报》以《种柑脱贫盖楼，近百瑶民称他"大哥"》为题在同一天刊发了报道，在报道中首次出现了"山瑶脆柑"这个名词。至此，"山瑶脆柑"正式"出道"！

令新农财团队没有想到的是，"山瑶脆柑"爆红的速度堪称"开挂"。在 2015 年 11 月 3 日被《南方日报》等媒体报道后不久，《惠州日报》《东江时报》等惠州本地媒体迅速跟进报道，不少网站包括广东省农业农村厅官网也对相关报道进行了转载；11 月 13 日，距离媒体首次报道后的第 10 天，袁隆平院士品尝并点赞更是将"山瑶脆柑"的热度推向了高潮。

"山瑶脆柑"品牌策划的"梦幻开局"给了新农财团队极大的信心。新农财后续推出了一系列品牌策划："山瑶脆柑"进入百度百科词条等网络百科全书名录，瑶胞携带"山瑶脆柑"参加连南瑶族盘王节，成立"山瑶脆柑"产销联盟响应"化肥农药零增长"行动，启动小瑶胞卖柑游学活动，瑶胞在"山瑶脆柑"基地过盘王节，"山瑶脆柑"众筹预售，记者探访"山瑶脆柑"云南瑶乡落地之旅……随着这些品牌策划方案的成功实施，"山瑶脆柑"已不仅仅是一个农产品品牌，更是成为一种由民间力量自发推动东西部合作扶贫的新模式，品牌内涵得到升华，品牌故事也有了完美的结局。

在实际应用中，新农财打造的"山瑶脆柑"产品外表青绿，内在脆爽，甜而不腻，上市时期比传统贡柑早 15～20 天，这个特性决定了生产者必须具备较高的管理水平，否则品质上难以达到上市要求。这也是"山瑶脆柑"与传统贡柑相比最大的差异和创新之处，它给消费者带来了一种不一样的体验：青绿的外观让"山瑶脆柑"有着青柠和青橘的颜值，让人觉得它吃起来可能会很酸涩，特别是在剥开"山瑶脆柑"果皮时，所散发出来的那种类似青柠檬般酸涩清新的气味，似乎嘴里都要开始流酸水了；但没想到，果肉一入嘴，那种脆爽清甜、满口爆汁的口感霎时充满整个口腔。

薄薄的青绿色果皮，裹着金黄明艳的果肉，酸柠檬的外表下却藏着一颗冰糖心。当脆爽可口的果肉与挑剔的牙齿碰撞在一起时，会擦出什么样的火花？汁水饱满的果肉塞满整个嘴巴的感觉，像不像在喝果汁？这种充满反差的场景很有趣，有消费者给予一句很有意思的评价：这真是一枚"外观征服吃货、口感留住人心"的果子。

（二）品牌主张

"山瑶脆柑"的品牌主张：深情厚义，方得柑脆。

在"山瑶脆柑"的故事中，虽然本质上叶少东和瑶民是一种雇用关系，但瑶胞们对叶少东带着他们种植贡柑，并以此实现脱贫致富是心存感激的，除了工作关系，双方之间还有一种情分存在。善于经营的叶少东有着比较先进的种植管理理念，舍得投入，而瑶胞们踏实肯干，把种植管理落到实处，因此种出了高品质的贡柑，得到了市场的回报。基于这样的事实基础，新农财对"山瑶脆柑"从产品的特点和情感两方面进行提炼：深情厚义，方得柑脆。一个品牌只有赋予情感，才能打动人心。瑶胞们用心、用情、用功种出来的柑，才能缔造柑脆之美味。

（三）品牌形象

"山瑶脆柑"品牌 logo 以贡柑为原型，刻画了一个青绿色的贡柑形象，意图说明它与传统的黄色成熟贡柑不同，也对应着"山瑶脆柑"青绿色的产品。在青绿色的贡柑中直观地呈现"山瑶脆柑"品牌名称，贡柑图形的下方是"山瑶脆柑"的主张：深情厚义，方得柑脆！整个品牌形象简洁直观，既体现了产品的特色，又准确传递了"山瑶脆柑"的品牌内涵：汉瑶同胞携手互助脱贫致富，共同塑造了"深情厚义"的"山瑶脆柑"。

"山瑶脆柑"品牌 logo

（四）品牌传播

品牌的传播，借势社会热点是一条捷径。但在"蹭"热点时，一定不能偏离品牌自身的定位，并且要梳理出明确的传播主题，提炼其传播价值，通过公信力的媒体报道，以达到最佳传播效果。"山瑶脆柑"品牌的传播，不仅连接上了袁隆平院士这样的超级热点，也紧密地结合了"民族团结""东西部扶贫""化肥农药零增长"等时代热点，努力做到推广成效事半功倍。

1. 首次亮相即成热点，媒体主动助力品牌传播

2015 年 11 月 13 日，第四届惠州现代农业博览会开幕，瑶胞们身穿瑶族服装，带着"新鲜出炉"的"山瑶脆柑"参加展会。展会现场，布置一新的"山瑶脆柑"展位格外醒目，具有浓郁的民族风情，受到现场不少观众的关注和咨询，人气很旺，为接下来发生的事情埋下了伏笔。"杂交水稻之父"袁隆平院士和时任广东省农业厅副厅长程萍等领导嘉宾也到"山瑶脆柑"展位前品尝了水果，袁隆平院士品尝后，连夸"好吃，好甜"。新农财第一时间将这条重要素材提供给媒体报道出来，很快，各级媒体纷纷跟进报道，通过报纸、网站、微信等多途径传播。袁隆平院士带来的这一波"流量"实在太大，"山瑶脆柑"不想成"网红"都不行。

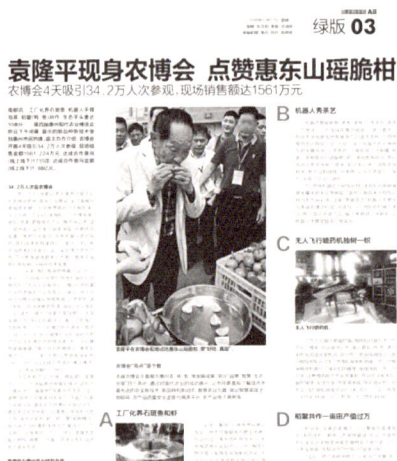

《南方都市报》2015 年 11 月 17 日 HB03 版报道

2. 网络百科全书收录，"山瑶脆柑"品牌热度猛增

"山瑶脆柑"得到众多媒体的大量报道，在网络上也被广泛转载，为巩固和提升"山瑶脆柑"的网络影响力，新农财根据媒体报道的内容进行提炼，精心编辑了"山瑶脆柑"词条信息，主动录入

百度百科、搜狗百科，成为网络百科全书中的专有词汇。

　　"山瑶脆柑"被百度百科、搜狗百科等收录后，其网络检索量不断上升，加之新农财后续一系列的品牌策划通过媒体报道和网络发布，使得"山瑶脆柑"的网络检索量猛增，仅百度平台的检索量就达到 120 万条以上。"山瑶脆柑"妥妥地成了一个网络热词。

3. "山瑶脆柑"亮相连南瑶族盘王节

　　盘王是瑶族的始祖，是守护民族的神灵。瑶族盘王节是瑶族人民纪念其始祖盘王的盛大节日，也是瑶族最重要的节日，迄今已有 1 700 多年的历史。2015 年 11 月 26 日，第七届"盘王节耍歌堂"在广东"百里瑶山"的连南瑶族自治县开幕，整个连南上演了颇具瑶族风情的狂欢节。像"盘王节"这样的瑶族盛大节日，一定是媒体关注的热点，"山瑶脆柑"肯定不能缺席。新农财组织了"山瑶脆柑"基地的瑶族工人，带上他们精心种植的"山瑶脆柑"前往连南庆贺"盘王节"。

瑶族同胞品尝"山瑶脆柑"

在"盘王节"活动现场,"山瑶脆柑"大受欢迎,连南瑶胞对"山瑶脆柑"又甜又脆的品质大加赞赏。不少瑶胞还表示,"山瑶脆柑"就是瑶族人自己的品牌,希望以后每年的"盘王节",都能吃到"山瑶脆柑"。

此次推广活动得到《南方农村报》、南方网、农财网的关注和报道,其他网络媒体也大量转载传播。

4. 成立"山瑶脆柑"产销联盟,响应"化肥农药零增长"行动

"山瑶脆柑"出名后,吸引了大量市民直接到叶少东的果园购买"山瑶脆柑"。旅行社自行组织旅客前来品果买果,摄影爱好者也慕名而来拍摄采收场景。在产品上市高峰期,每天有几十辆车载着客户来果园,他们在果园买果,在附近饭店消费,带动了周边产业的发展。很快,当年的果子便销售一空。

"山瑶脆柑"产品卖完了,但热度不能降,新农财着手推进新一波推广计划。

2016 年 1 月 29 日,由全国农业技术推广服务中心作为指导单位,《南方农村报》、农财网、芭田股份联合主办的"中国种植匠"大型公益活动启动仪式在"山瑶脆柑"基地举行。广东省、惠州市及惠东县农业部门有关负责人、媒体代表、电商

山瑶脆柑产销联盟成立仪式

公司代表、周边种植大户等数十人出席了活动。"山瑶脆柑"基地负责人叶少东获主办方授予"中国种植匠"荣誉称号。同时,新农财还以"山瑶脆柑"基地为核心,联合渠道商代表和周边种植贡柑的农户,共同成立"山瑶脆柑产销联盟",目的是发挥"山瑶脆柑"的品牌效应,带动当地贡柑产业发展壮大,提高农民收益。

2016 年 4 月 9 日，山瑶脆柑产销联盟在惠东举办首场"种植匠互助会"，邀请广东著名的柑橘专家马培洽研究员，在"山瑶脆柑"基地就贡柑种植管理问题对联盟成员进行技术指导和培训，以提高贡柑种植水平。

响应国家化肥农药零增长号召

在活动中，产销联盟向社会承诺：响应国家化肥农药零增长号召，生产出更多安全、优质、美味的"山瑶脆柑"。

5. 策划大学生探寻"山瑶脆柑"基地活动

"山瑶脆柑"的品牌故事吸引了很多在校大学生的关注，特别是华南农业大学园艺学院等涉农专业的大学生，他们希望能够到"山瑶脆柑"基地进行参观和体验。新农财非常支持大学生们的想法，结合"山瑶脆柑"的品牌传播，在与他们沟通后，决定策划一个大学生探寻"山瑶脆柑"基地的活动。

大学生们去"山瑶脆柑"基地探寻什么呢？新农财并不希望把它做成一次简单的采风活动，而是要求大学生们能够利用周末和暑假等空余时间去果园，用自己独特的视角观察和了解瑶族人和脆柑的故事，搞清楚一粒脆柑是如何从花儿长大成果实，其间将会经历怎样的过程。然后将他们的所见所闻真实地呈现给消费者，让消费者明白吃到嘴里的农产品是怎样生产出来的，同时以辩证的视角去审视传统农业，既要学习可取的地方，又要思考如何改进生产经营模式。

　　新农财协助大学生们通过众筹平台为此次探寻活动筹集经费，这些经费，一部分用于来往果园的交通费用，一部分用于向果园购买"山瑶脆柑"以及果农自种的蔬菜等产品，回馈给支持他们的网友。大学生还要分享他们探寻的故事，以及一路以来的所见所闻。

　　2016年4月30日，新农财通过网络众筹平台发起"支持大学生去探寻，一群瑶族人和一粒脆柑的故事"的众筹活动。活动一上线，就获得了众多网友的关注。网友们为大学生愿意深入农村，用空余时间到果园基地去了解和体验农业生产情况的精神点赞，并用实际行动支持他们，众筹上线仅5天时间，就超过1 000人关注，94位支持者付费，筹集经费超过设定的3 000元目标。多出来的资金，用于给当地的瑶族小朋友购买一些学习书籍、文具、电子辅助工具等，鼓励小朋友奋发学习。

支持大学生去探寻众筹活动

　　大学生们的探寻活动从2016年5月持续到当年11月"山瑶脆柑"上市之时，其间他们通过网络平台发表了多篇探寻见闻，得到《南方农村报》、农财网等媒体的关注和报道。

6. 策划瑶胞在"山瑶脆柑"基地过"盘王节"，开启品牌化销售

　　农历十月十六日是瑶族的盘王节，也是脆柑成熟采收之时，持续了全年的"山瑶脆柑"品牌策划成效也到了接受市场检验的时刻。

　　2016年11月初，新农财决定组织全体瑶族工人，在他们辛勤劳作的"山瑶脆柑"基地，举行盘王节庆祝活动，让瑶胞们像在云南老家那样过节。

　　瑶胞们的热情被激发出来，他们自发组织起丰富多彩的庆祝节目，除了往年必备的工人聚餐，还增加了传统的元素：如丢五谷包、打陀螺，年长的瑶胞们还一展歌喉，对起了山歌……

　　新农财邀请了时任广东省扶贫部门的相关领导、惠东县领导、媒体记者、部分农产品渠道商代表亲临基地参加节日活动，并同期举行"山瑶脆柑"上市开摘仪式，正式开启新一年"山瑶脆柑"的上市销售。此次活动在南方⁺ App 上全程直播，《南方农村报》等媒体对此也进行了专题报道。

2016 年盘王节暨"山瑶脆柑"开摘上市仪式

　　另外，此时正逢袁隆平院士点赞"山瑶脆柑"一周年，新农财团队了解到，袁老曾通过有关方面转达想来"山瑶脆柑"基地走走的心愿。因此，新农财建议"山瑶脆柑"基地负责人叶少东和基地的小瑶胞分别向袁老写信汇报这一年来取得的成绩，并诚挚邀请袁老到"山瑶脆柑"基地参观和指导。叶少东在信中汇报了"山瑶脆柑"基地更加重视水果品质，注重改良土壤，每棵果树用足 15 千克有机肥，是其他果园的五六倍，并且还在果园安装了物联网设备，时刻监控果园的各种物候数据，为防止产品裂果做了大量试验，并取得了明显的成效。小瑶胞在信中告诉袁老，当年暑假，华南农业大学的大学生到果园里支教，帮助他们在学习方面取得进步；在果园里有来自云南省文山州富宁县的三四十位瑶族老乡，"山瑶脆柑"就是这些老乡和爸爸妈妈一起辛辛苦苦种出来的……

这些信件，新农财通过南方农村报社的记者转交给了袁老。

7. 媒体记者探访"山瑶脆柑"云南瑶乡落地之旅

2018 年 4 月 29 日，云南瑶乡的富宁县板仑乡从惠东县"山瑶脆柑"基地引种了幼苗 25 000 株，种植面积近 400 亩。这次和"山瑶脆柑"一起回到故里的，还有惠东基地的技术工人张登和李安祥。此前的 2015 年，张登就曾尝试将脆柑树苗带回云南老家试种，以便将他学到的技术应用到新果园中，梦想在老家再造一个脆柑基地。经过几年试验观察，"山瑶脆柑"已经适应云南的气候和地理环境，具备了适度规模种植推广的基础。

"山瑶脆柑"归故里，粤滇携手促扶贫。曾经，富宁县的瑶族农户在广东惠东种下甜美脆柑，如今，他们将种植技术带回富宁返乡创业。在他们的带领下，瑶乡富宁悄然孕育着一个全新的产业。几位瑶族工人自发的举动，无意间促成了一个东西部扶贫的民间样本。东西部扶贫协作是国家脱贫攻坚战略的重大决策，西部向东部输出的劳动力，通过学习先进技术，将技术带回西部发展产业，帮助更多当地人实现就地脱贫，已逐渐成为东西部合作扶贫新模式。张登等人回乡发展正是民间力量探索这种扶贫模式的尝试。

新农财将这一极具新闻价值的选题报给了《南方日报》和《南方农村报》等媒体。他们分别派出记者共同奔赴云南富宁瑶乡，探访了张登、李安祥等返乡种柑创业的瑶胞，以及当地驻村扶贫工作队负责人、乡镇干部、富宁县扶贫部门领导等，了解瑶胞们引进"山瑶脆柑"产业在瑶

《南方日报》报道

乡的发展状况，以全面的视角剖析这个由民间力量自发推动的东西部合作扶贫新模式。《南方日报》以《山瑶脆柑"回家了"——一个东西部扶贫的民间样本》为题，《南方农村报》以《云南瑶族农户携脆柑幼苗回乡发展扶贫产业》为题对此进行了深度报道。

这一组报道可以视为"山瑶脆柑"品牌扶贫的深刻展现。至此，"山瑶脆柑"已不仅仅是一个农产品品牌，它成为一种具有内生成长性、备受认可的国家东西部合作扶贫的优秀样本，"山瑶脆柑"品牌也因此具有了更大的社会意义。

（五）品牌产品营销

"山瑶脆柑"这枚看着像青柠檬、口感却脆爽清甜的高颜值青果贡柑，一直有着极高的市场口碑。从 2015 年 11 月开始策划"山瑶脆柑"品牌时，"山瑶脆柑"产品就已经在市场上试销。2016年，新农财在开展系列品牌活动的同时正式启动产品的市场营销计划。除众筹预售外，还积极拓展优质电商渠道以及企业集采、社区团购渠道。相对于贡柑，"山瑶脆柑"以青果售卖的差异化销售方式入市，销售价格达到当季贡柑市场平均价格的 2 倍以上，而且广受欢迎，充分体现了品牌的溢价。

另外，为进一步做好"山瑶脆柑"的精品化生产，新农财充分吸收一线专家的贡柑栽培经验以及综合"山瑶脆柑"基地一些比较好的种植操作方式，制订了种植匠标准化生产操作规范·"山瑶脆柑"生产管理方法，以此指导和规范"山瑶脆柑"的种植管理过程，保障产品品质。正是出于对品质的严格把控，才保证了"山瑶脆柑"的市场口碑，拉动了品牌化销售，产品一直保持着很高的

"山瑶脆柑"生产管理方法

复购率。

1. "山瑶脆柑"品牌包装

"山瑶脆柑"品牌包装画面风格朴素，整体色彩为绿色，契合"山瑶脆柑"产品特点。包装正面正中显示"山瑶脆柑"四个醒目大字，下方小字是提炼的品牌主张：深情厚义，方得柑脆。左上角体现"种植匠"的品牌 logo 及"执匠

"山瑶脆柑"品牌包装

心，守农道"的品牌主张。正面下方勾勒的是广东省级自然保护区白盆珠水库的概貌和农人耕作的场景，是对"白盆珠山泉水灌溉，山瑶人种植"的图解。包装画面整体风格力图强调产品的绿色生态，属于匠心出品，品质有保障。包装规格有 2.5 千克装和 4.5 千克装，以 2.5 千克装为主。

2. 策划小瑶胞卖柑游学活动，同时发起众筹预售

基地的瑶族工人都是拖家带口到惠东种柑，他们的小孩也生活在果园，并在当地上学。新农财希望在"山瑶脆柑"的推广过程中，让这些小瑶胞也能出去走走，见识外面更广阔的世界，帮助他们学习成长。

2017 年 10 月，在"山瑶脆柑"产品上市前夕，新农财通过农财网微信平台，策划组织"小瑶胞卖柑游学"活动，帮助这些随父辈到惠东的小瑶胞们到广州等大城市参观游学开拓视野，并在广州农商银行太阳集市平台发起"离乡小瑶胞，卖柑看世界"为主题的众筹卖柑活动，拉动产品销售，提升品牌影响力。

此次活动除了通过互联网传播，还广泛邀请社会各界热心人士代言推广，并设计了以"离乡小瑶胞，卖柑看世界"为主题，含有众筹链接的代言海报模板供大家分享传播。

活动推出后，得到社会各界众多爱心人士的大力支持。他们当

中不少人表示愿意充当小瑶胞到广州游学参观的向导，纷纷将各自的代言海报转发分享，一度刷爆朋友圈。

小瑶胞卖柑游学活动　　　　　　　小瑶胞卖柑游学海报

　　同步开启的众筹活动也进展顺利，许多人表示，既能吃到美味的"山瑶脆柑"，又能帮助瑶族儿童一圆游学之梦，实在是一桩很有意义的事情。在众筹活动开启当天，一万元的众筹金额目标就已完成一半。许多之前购买过"山瑶脆柑"产品的顾客纷纷参与众筹复购。一些刚接触"山瑶脆柑"的消费者，也对这枚颜值高、有故事的果子充满了好奇与期待。有俏皮的网友还表示："长得像橘子，切开像柠檬，看得我牙齿都开始流酸水了，但为什么吃起来又脆又甜？不过，讲真的，我肯定要买一箱，整一下我那一点酸都不能吃的男朋友，想想就觉得爽！"

　　最终，此次联合广州农商银行太阳集市平台发起的小瑶胞卖柑游学众筹活动，以382%的完成率获得圆满成功。这次成功的策划让"山瑶脆柑"的品牌内涵得到更进一步深化，也让当年的产品一度供不应求。

3. "山瑶脆柑"品牌产品销售

　　在"山瑶脆柑"产品销售方面，新农财重点以电商渠道为主，主打规格为2.5千克装，价格59～69元。在渠道合作方面，新农财与山东广播电视台中国原产递商城、广东广播电视台经选商城、

社会爱心人士助力小瑶胞卖柑游学海报

小瑶胞卖柑游学众筹活动

广州农商银行太阳集市等一些知名的媒体电商和银行电商渠道建立了合作，同时还重点拓展了企业礼品集采、社区团购等销售渠道。

"山瑶脆柑"市场单价超过 20 元/千克，这个价格比普通贡柑市场价高出一倍以上；在采购价上，"山瑶脆柑"也比普通贡柑地头价高出近 1 倍。虽然产品价格要比贡柑贵一些，但对于消费者而言，"山瑶脆柑"带来的体验价值远大于此，更何况，再贵也就五六十元一箱，实现"脆柑自由"毫无压力。

"山瑶脆柑"在不少电商渠道上的销售非常火爆，出货速度极快。在 2016 年销售季，"山瑶脆柑"曾因包装箱用完而一度暂停销售。作为有媒体背景的电商平台，中国原产递商城为推广"山瑶脆柑"产品，派出工作人员专门从山东飞到惠东"山瑶脆柑"基地拍摄素材，制作宣传片推广，让"山瑶脆柑"在千里之外的齐鲁大地火了起来。连续两年，中国原产递商城在短短一周内的销量便突破6 000 箱，堪称火爆。

这一现象引起了山东电视台农科频道的关注，他们为此拍摄并播出专题节目。从"山瑶脆柑"火爆山东这一现象，讲述"山瑶脆柑"背后的种植匠精神，进一步助推了"山瑶脆柑"产品的销售和推广。

　　此外，令人意外和感动的是，发起"小瑶胞卖柑游学"众筹活动的广州农商银行太阳集市平台，拿出每卖一箱补贴30元的优惠力度支持"山瑶脆柑"产品的销售，让更多消费者以更实惠的价格吃上美味的"山瑶脆柑"，体会汉瑶守望互助的"深情厚义"。经过线上线下的联合推广，"山瑶脆柑"在第一年正式品牌化销售便实现近百万元的销售额，品牌效应逐步显现。

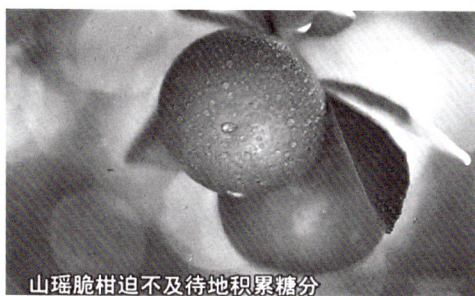

中国原产递商城"山瑶脆柑"推广视频

山东电视台电商平台连续
两年销售超过6 000箱

广州农商银行太阳集市以每卖一箱补贴
30元的力度支持"山瑶脆柑"产品销售

"山瑶脆柑"产品销售发货场景

实 战 小 结

将差异化做到极致

从瑶民在广东种柑脱贫，到瑶民回乡种柑创业，"山瑶脆柑"的品牌故事非常圆满，特别是在意外得到袁隆平院士的点赞后，"山瑶脆柑"从一开始就成功地踏上了"网红"之路。通过策划产业扶贫、卖柑助学等一系列有力的品牌推广举措，"山瑶脆柑"的品牌知名度持续攀升，有关新闻报道篇数超过100篇，网络检索量超过120万次，产品销售至全国28个省份。

"山瑶脆柑"品牌打造主要有三个关键点：

一是抓住名人效应。与名人产生联系，是可遇而不可求的机会，这也是有些品牌愿意花钱请名人代言的原因。但对农产品来说，由于它的地域关系与公益属性，只要肯花心思，总能找到与名人连接的机会。一旦这样的机会出现，就要从符合品牌定位和提升品牌价值的角度善加利用。

二是提炼差异化卖点。从品质方面来说，"山瑶脆柑"的一级卖点是脆，而只有在青果状态时果实脆度才是最好的。

在推广销售"山瑶脆柑"的过程中，新农财反复强调"脆"这个卖点，一直坚持非青果不卖，果皮转黄就下线的策略，在消费者心智中成功地占领了脆柑这个差异化位置。

三是不断充实品牌新鲜感，不让品牌资产吃老本。通过讲述汉瑶同胞互助故事、在基地举办盘王节、小瑶胞卖柑游学、山瑶脆柑"回家"等故事，持续增加品牌中的"瑶"元素和情节，让消费者永远保持对品牌的新鲜感。

"山瑶脆柑"精彩的品牌故事、成功的品牌推广以及差异化的品牌销售方式，直接提升了它的品牌效应，使"山瑶脆柑"毫无悬念地成为市场售价最高的贡柑品牌。一般贡柑在上市期的市场价为每千克 9～10 元，近年来因为市场行情低迷还在不断下滑，而"山瑶脆柑"的市场零售价每千克普遍超过 20 元，最高达到 26 元以上，比贡柑的市场平均价高出1 倍多。品牌带来的市场效应也拉高了地头采购价，直接带动了瑶胞增收。

"山瑶脆柑"是汉瑶同胞携手互助脱贫的成果，它的品牌内涵既直观又深刻，而且逐步演进为一种由民间力量自发推动的东西部合作扶贫新模式，因此具有了更大的社会意义。随着乡村振兴战略的实施，"山瑶脆柑"必将在新时代的瑶乡产业振兴中发挥更加重要的作用。

四、夫妻树大米、黑木耳：天然富硒，有爱有味！

"夫妻树"是基于世界长寿乡蕉岭县特色自然人文资源而打造的一个农产品品牌，主要应用在蕉岭县出产的大米、食用菌等特色农产品上。

"夫妻树"原本是指两棵同根而生的树，呈现出人类夫妻般相依相偎的形象，在古时它又称"连理枝"，比喻夫妻恩爱。"夫妻树"在我国很多地方都存在并有典故传说，其中尤以蕉岭县流传的故事寓意最为深刻。

与新农财打造的其他品牌所不同的是，"夫妻树"本身就来源于一个非常精彩并富有意义的故事，根本不需要刻意加工，只需将它与蕉岭县的地方资源禀赋和特色农产品进行"嫁接"，并提炼出准确的品牌定位，剩下的就是把品牌培育的事情做好。

2017年，与"夫妻树"品牌创立同步，新农财在蕉岭县投资设立了梅州市南方长寿生物科技有限公司（简称南方长寿生物公司），新公司致力于成为一家推广蕉岭县乃至梅州市区域内特色农产品的产供销一体化企业。在规划新公司业务的同时，新农财决定将"夫妻树"品牌作为其业务推广和企业发展的主要抓手。经过一系列的策划，"夫妻树"品牌及其农产品频频见诸中央及省市级媒体，得到各级政府领导、社会知名人士的支持和推广。时至今日，"夫妻树"品牌农产品不但进入了各大商超、企业集采、消费扶贫等中高端特色渠道，也引领着蕉岭地方特色丝苗米、食用菌等产业的发展，并在带动农民增收方面发挥了重要作用。在"夫妻树"品牌的引领下，南方长寿生物公司一步一个脚印地成长，先后成为梅州市重点农业龙头企业、梅州市乡村振兴"万企帮万村"示范企业、广东省重点农业龙头企业和国家高新技术企业，以及粤港澳大湾区"菜篮子"生产基地、广东省"菜篮子"基地和2022"粤字号"农业品牌示范基地。

（一）品牌故事

位于广东省东北部的蕉岭县是国际自然医学会认定的世界第七个、全国第四个"世界长寿乡"。正所谓"一方水土养一方人"，蕉岭"青山绿水好空气"的自然环境和生态资源，尤其是水土富含硒、锗等矿质元素，被认为是当地居民的长寿奥秘之一。也有研究认为蕉岭县之所以成就福地寿乡，更与其博大而包容的客家文化底蕴以及当地人民淡泊名利、知足常乐的平常心有着密切关系。

蕉岭世界长寿乡的自然禀赋，也意味着它拥有无与伦比的品牌营销资源。2017年初，在蕉岭县有关领导的建议和邀请下，新农财决定到蕉岭县投资成立一家致力于发展长寿乡品牌农业的公司。这个新公司应该启用一个什么样的核心品牌成为当务之急，自然，品牌内涵和主张应充分体现蕉岭世界长寿乡的特色。为此，负责人毛志勇查阅了大量的蕉岭县历史文化典故等资料，以期找到一些灵感和依据。当他看到记载在"长寿文化研究丛书"《长寿福地蕉岭探秘》中一篇《百年夫妻树的传说》时，立刻被这个富有寓意的精彩故事所吸引。"夫妻树"的故事不但蕴含"夫妻和睦，方能家室兴旺"的朴素道理，而且故事最后"子孙满堂健康长寿"的圆满结局正好吻合蕉岭这个世界长寿乡的现状。更何况，在蕉岭县长潭西岸密林深处，的确有一株长寿夫妻树存活至今，美好的传说有了现实的对应。因此，新农财决定将"夫妻树"打造为驱动南方长寿生物公司农产品业务发展的专属品牌。

新农财从蕉岭世界长寿乡以及水土天然富硒的特点出发，提炼了"天然富硒，有爱有味""世界长寿乡，美味又健康"等"夫妻树"品牌传播标语，并且围绕大学生乡村创业、扶贫产业园、消费扶贫等社会热点展开主题策划，推动"夫妻树"品牌及蕉岭特色大米、食用菌等登上了人民网、中央电视台、《南方日报》、梅州电视台等中央及省市级主流媒体，有力地提升了"夫妻树"品牌的知名度。

除了做好品牌传播，新农财还一头扎进产业链当中。南方长寿生物公司采取公司＋合作社＋农户的发展模式，依托世界长寿乡蕉岭县水土天然富硒的产业优势，建设了"夫妻树"富硒水稻种植基地和加工厂，以及"夫妻树"食用菌实验室、加工厂和种植示范基地，购置了冷链、加工、包装等相关设备，逐步构建起集种植、加工、储存、销售为一体的产业链，以统一种植、统一管理、统一收购、统一深加工的规范化生产运作模式，将生产出来的优质丝苗米、黑木耳、茶树菇等特色产品不断推向市场，真正形成了产供销一体化的业务体系，实现了农产品的品牌化销售。

在主流媒体、地方政府、网络大 V 等强大营销资源的推动下，"夫妻树"品牌农产品不但卖出了"声量"，也卖出了销量。

（二）品牌主张

蕉岭"夫妻树"的故事有着夫妻和睦、健康长寿的寓意。水土富硒是蕉岭成为世界长寿乡有科学依据的关键"密码"，不少蕉岭出产的农产品都以富硒食品的身份进行推广销售。基于此，新农财提炼出"夫妻树"的品牌主张：天然富硒，有爱有味！这个主张准确地概括了"夫妻树"品牌农产品的卖点。

"天然富硒"意指农产品产自蕉岭天然富硒的水土环境，也有产品是原生态种植的意思，并非市场上常见的经人工添加硒产品所制造出来的"富硒"食品。"有爱有味"含双关之意，既指"夫妻树"品牌故事所蕴含的家庭和睦、相亲相爱，也意指健康优质农产品的美味以及美味里饱含的爱心。所以，"天然富硒，有爱有味"把品牌培育所需的产品功能和消费者选择产品的理由这两大支撑点融合到一起，意寓"夫妻树"品牌农产品来自世界长寿乡，美味又健康！

（三）品牌形象

"夫妻树"品牌 logo 主要由蕉岭县长潭西岸森林的夫妻树主干原型、"夫妻树"美术字体及英文"couple tree"、品牌标语"天然富硒，有爱有味"等几个关键元素构成，整个视觉形象简洁直观，辨识度强。

"夫妻树"品牌 logo

（四）品牌传播

在世界长寿乡这块金字招牌的加持下，新农财紧紧围绕"大学生创业"这条主线，结合产业扶贫、乡村振兴等当下热点展开策划，使"夫妻树"品牌培育工作得到主流媒体、知名网红、地方政府官员等大量社会公共资源的助力推动，品牌不断被"热炒"，成为业务发展的重要驱动力量。

1. "夫妻树"品牌频频登上中央及省市级主流媒体

"夫妻树"品牌最开始应用的农产品是蕉岭富硒大米。2017年4月，"大学生创业做农夫，打造富硒品牌助农增收"的策划开始实施，通过采取公司＋合作社＋农户的合作模式，南方长寿生物公司在蕉岭县三圳镇建设了1 000亩"夫妻树"富硒水稻种植示范基地，同时在"种植匠"微信公众号上开设《夫妻树富硒大米种植日志》，以日记的方式记录"夫妻树"富硒水稻从种植到收获的全过程，并通过网络持续推广，引起社会的关注和热议。农财网、《南方农村报》官方网站也对此进行了关注和报道。另外，公司还设计了以客家围屋为造型的特色包装，在7月大米加工出来后立刻开展电商和定制化销售。

《梅州日报》很快关注到这一典型事迹，并以《一群大学生蕉岭当"农夫"卖大米》为题对蕉岭团队的创业故事进行报道，广东省农业农村厅官方网站也作了转载。"夫妻树"品牌开始在梅州市和农业圈有了知名度。梅州电视台也多次到蕉岭"夫妻树"种植基地进行拍摄采访，并以《蕉岭"夫妻树"富硒大米　做好"一粒米"文章　打响富硒长寿品牌》为主题制作了一期专题节目。凭着实干的精神，年轻的蕉岭团队也成为大学生创业的典型，《人民日报》《南方日报》《南方农村报》《经济日报》《信息时报》《香港文汇报》，以及南方+、中国新闻网等中央及省市级媒体纷纷跟进报道，"夫妻树"品牌知名度不断提升，极大地带动了"夫妻树"富硒大米的销量。值得一提的是，2017年，"夫妻树"富硒大米成功入选由广东省农业厅评选的《广东省第二届名特优新农产品目录》，成为蕉岭县一粒米、一瓶水、一杯茶、一棵笋、一瓶蜜"五个一"工程中的标杆品牌。蕉岭县领导对"夫妻树"品牌打造模式非常认可，认为从标准化种植开始做起，将蕉岭长寿品牌优势与健康的种植理念相结合，能够形成独特的品牌农业发展模式。

梅州电视台 2017 年 12 月 6 日《做好"一粒米"文章 打响富硒长寿品牌》专题节目

"90后"大学毕业生梅州当农民 建千亩水稻基地

中国新闻网
2019·12·08 19:13 中国新闻网官方帐号

位于广东梅州蕉岭县的"夫妻树"富硒水稻种植示范基地 通讯员供图

中新网梅州12月8日电 题："90后"大学毕业生梅州当农民 建千亩水稻基地

中国新闻网报道"90后"大学生创业事迹

　　"夫妻树"品牌根植于世界长寿乡，为帮助支持健康长寿事业的发展，新农财与蕉岭县长寿文化研究会共同发起关爱长寿老人的公益活动，并承诺每销售1斤"夫妻树"富硒大米，南方长寿生物公司就捐出 0.1 元，用于不定期给长寿老人举办公益活动。

　　除了大米，南方长寿生物公司还在蕉岭县发展以黑木耳为主的食用菌产业，并把它作为公司最重要的业务。2018年，公司重金投资的"夫妻树"富硒黑木耳生产线和加工厂落成并成功产出了第一批新鲜黑木耳。相对于传统的大米产业，由南方长寿生物公司首家引进的工厂化食用菌产业，引起了更多的关注和期待。

　　大学生扎根乡村创业，发展特色产业带动农民增收致富接连讲出了新故事。这样实实在在的典型事迹怎么会被媒体忽略呢？从 2018 年以来，人民网、中央电视台国际中文频道、南方报业传媒集团旗下南方网和南方+、《南方农村报》，以及梅州广播电视台、《梅州日报》等众多中央及省市级媒体，对南方长寿生物公司发展食用菌产业联农带农的相关报道数不胜数，年年都是媒体关注的焦点。可以说，"夫妻树"品牌不仅是新农财策划出来的，更是创业团队扎扎实实干出来的，并由此得到了各方资源持续不断的支持和帮助。

【乡村振兴】家家有菌棒 户户能增收 广福广育村：小木耳撑起脱贫致富新天地

得益于富硒土壤资源，我县出产的木耳成为珍贵的健康食材。梅州市南方长寿生物科技公司依托自身的资本、技术等优势，帮扶我县广育村发展富硒黑木耳种植，带动就业700多人，实现年产值超1000万元，小小黑木耳撑起"造血"帮扶新天地。

《人民日报》报道"夫妻树"黑木耳联农带农事迹

中央电视台中文国际频道《百村脱贫记》报道南方长寿生物公司负责人彭辉引进黑木耳项目带动农民脱贫的事迹

2. "夫妻树"黑木耳扶贫产业园联农带农出效益，举办"夫妻树"黑木耳采摘节拓品牌

2018 年，南方长寿生物公司经过慎重决策，决定投资拓展以黑木耳为主的特色食用菌产业，并把加工厂和种植示范基地设在蕉岭县广福镇广育村，同时和广福镇政府、广育村签订合作协议，建立"夫妻树"食用菌扶贫产业园，以党组织＋公司＋基地（合作社）＋农户的模式运作，公司负责提供菌包、技术和销售支持，合作社（蕉岭县夫妻树食用菌专业合作社）负责生产管理，发展当地农户种植黑木耳等各类食用菌。

此前，广育村传统农作物种植为一年两季，一季烟叶、一季晚稻，粗放式耕种浪费了得天独厚的自然资源。"夫妻树"黑木耳在晚稻之后种植，生长期为当年11月至次年3月，这期间晚稻已经收割，稻田处于空置状态，当地劳动力也有不少在家闲着，种植黑木耳成了农户增收致富的新路子。

经过近几年的努力摸索，"夫妻树"黑木耳种植技术越来越成熟，品质越来越好，产量越来越高，联农带农效益非常显著。据统计，在黑木耳产业的带动下，广育村100多户农户参与种植和管理黑木耳150亩，实现家家有菌棒，户户能增收，同时还辐射带动了周边累计近300户农户搭上了黑木耳种植的"致富专列"，每亩增收4 000~8 000元，每年增加当地近500人次临时就业，不少村民成了"工薪族"，实实在在地解决了农村剩余劳动力的就业问题，直接改善了当地农民的生活水平。在"夫妻树"黑木耳扶贫产业园的带动下，如今黑木耳已成为蕉岭长寿乡最具特色的农业产业之一。

2020年元旦，"夫妻树"黑木耳长势良好，品质极佳，南方长寿生物公司利用广福镇举办特色美食节的时机，举办"夫妻树"黑木耳采摘节活动，邀请媒体、政府部门以及城市消费者和周边村民，参观黑木耳种植基地，体验采摘鲜木耳，品尝木耳美食。活动现场非常热闹，很多人甚至从广州、深圳等珠江三角洲城市驱车过来体验采摘，品鉴世界长寿乡原生态富硒山泉水种出来

南方网报道"夫妻树"黑木耳采摘节活动

的新鲜黑木耳。利用这个时机，南方长寿生物公司也向媒体介绍了"夫妻树"黑木耳扶贫产业联农带农的举措和成效，南方+、南方网、《信息时报》等媒体对此进行了报道。

3. 广福镇食用菌产业规划获得蕉岭县乡村产业振兴擂台赛二等奖，南方长寿生物公司总经理获聘"产业村长"

2022 年 8 月 31 日，在世界长寿乡梅州市蕉岭县，一场别开生面的乡村产业振兴擂台赛在热火朝天地举行，该县 8 个乡镇的代表按抽签顺序依次登台竞演。最终，经过由 7 位来自广东省内高校、科研机构权威专家组成的评审团考核，以南方长寿生物公司食用菌产业发展规划为主要演讲内容的广福镇获得二等奖，按计划将获得 600 万元产业发展资金。

广福镇将以"智造品牌农业"为理念，重点发展黑木耳产业，通过发挥技术管理、基础设施配套、销售渠道、政企协同等多方面优势，延伸黑木耳精深加工链条，将黑木耳产业打造成蕉岭县的特色产业和富民产业，助力乡村产业振兴。

2023 年 5 月 16 日，蕉岭县召开"产业村长"颁发聘书工作会，南方长寿生物公司总经理彭辉成为首批获聘的 14 名"产业村长"之一。"产业村长"是促进乡村产业振兴的专职职务，由县选聘具备一定实力和奉献精神的"爱农村、懂农业、熟市场、会经营"的社会能人担任。通过设立"产业村长"，带动产业振兴，以产业兴带动百业兴，以产业强带动百业强，加快培育一批产业强村、经济强村，带动乡村全面振兴。

（五）品牌产品营销

"夫妻树"品牌产品有富硒大米及黑木耳、茶树菇等食用菌产品，还有蜂蜜、茶叶等蕉岭出产的特色农产品。在大米、黑木耳两大重点产品方面，已经拥有了从种植基地到加工厂的完整生产线，还获得了 SC 食品质量安全认证，产品标准和品质有充分保障。由于品牌营销得当，因此品牌效益也比较可观。其中，部分"高端定制"的"夫妻树"富硒大米市场价格每千克高达 70 元，售价远高于普通的富硒大米，并且由于口感软糯、香气怡人的出色品质，收获了良好的市场口碑；而完全由天然山泉水浇灌种植出来的"夫妻树"黑木耳肉厚爽脆，口感与颜值俱佳，产品十分畅销。近两年，通过口碑传播慕名前来的采购商源源不断。

在品牌渠道拓展方面，"夫妻树"品牌产品已经构建了电商、商超以及企业、机关集采三大类型的渠道体系，业务发展形势向好。

35元一斤！蕉岭大学生扎根农村创业生产"夫妻树"富硒大米

○ 南方农村报 2018-04-13 21:06

眼下正是春耕季节，在梅州市蕉岭县三圳镇，一群90后大学生早早开始了新的一年的"农活"。他们在进行集体创业，致力于打造"夫妻树"高硒农产品品牌，走"高端定制农产品"路线。

2017年3月28日，这支由90后大学生组成的创业团队成立了蕉岭县南山寿农业发展有限公司，采取"公司+合作社+农户"的发展模式，在蕉岭县三圳镇建设了1000亩由"夫妻树"高硒水稻种植示范基地。依托"长寿之乡"蕉岭县土地天然富硒的产业优势，以标准化生产模式统一种植、统一管理、统一收购、统一深加工，实现了农产品销售高端品牌化。2017年7月20日到2018年3月，该公司已完成20万斤成米的销售量（批发大米未计算）产值达到200多万元。他们计划未来两年内实现年销售100万斤品牌成米的目标。

媒体报道"高端定制"的"夫妻树"大米

1. "夫妻树"品牌包装

由于业务发展需要，"夫妻树"品牌产品拥有多款包装，其中最具特色的是一款以客家围屋为原型进行艺术化设计的富硒大米包装。这款包装通过仿照客家围屋的造型来体现梅州客家文化特色，非常具有辨识度。这款包装主要应用在"高端定制"产品的销售上，另外，设计了"夫妻树"大米从种植、加工到食用等科普知识的宣传单页，附上检测报告等对产品加以佐证，让消费者吃得安心。

"夫妻树"品牌包装

2. "夫妻树"品牌产品销售

"夫妻树"品牌农产品主要面向电商平台、商超以及知名企业、机关单位福利采购等中高端渠道，在品牌销售策略方面，"夫妻树"富硒大米采取每销售 1 斤大米捐出 0.1 元用于支持当地长寿老人有关的公益活动，在一定程度上拉动了产品的销售。另外，南方长寿生物公司抓住消费扶贫的机遇，推动"夫妻树"品牌产品入选各类消费扶贫平台的扶贫产品名录，成为各大机关单位、国有企业消费扶贫采购的重点产品。

"夫妻树"品牌农产品上架电商平台

3. 知名网红力推，"夫妻树"黑木耳成为"网红美食"

在网红直播带货浪潮的席卷下，《南方农村报》等"三农"媒体整合一些具有强大流量资源的网红开展直播助农卖货活动，"夫妻树"品牌农产品受邀参加并得到知名网红的强力推荐，为"夫妻树"品牌增加了不少"粉丝"，带来了不少销量。

2019 年 4 月 30 日，由南方报业传媒集团旗下的广东乡村振兴服务中心联合直播平台快手第一网红发起的"散打哥助农"活动在快手平台正式启动，知名网红 PK，为广东等地农产品代言。据悉，当晚仅 1 小时的直播，就有超 1 000 万名网友围观。在直播中，蕉岭"夫妻树"黑木耳受到热捧，1 小时就销售了 1 000 多件精美包装的产品，成了"网红美食"。

《南方农村报》2019 年 5 月 2 日 03 版报道

在网络红人的影响下，不少人成了"夫妻树"黑木耳的"粉丝"，"夫妻树"知名度更上一层楼。

4. 省市县各级领导隆重推介"夫妻树"黑木耳

"夫妻树"黑木耳产业联农带农所取得的成效离不开各级政府部门的支持。2020 年，新冠疫情对农产品销售造成极大冲击，为解决农产品销售难题，广东省各级政府领导纷纷走进直播间，变身"网红"向网友推介当地特色农产品。"夫妻树"黑木耳作为蕉岭世界长寿乡的特色产品，得到省、市、县、镇四级领导的重点推介。

2020 年 5 月 17 日，由广东省委网信办、省农业农村厅、省扶贫办及梅州市委、市政府指导，梅州市委宣传部、市委农办、《南方日报》《南方农村报》、南方+、抖音联合承办的"脱贫奔康·粤来粤好"——广东"助力脱贫攻坚 共建美好时代"扶贫助农公益活动走进梅州。广东省委常委，梅州市委副书记、市长领衔市、县领导干部走进直播间，为世界客都·长寿梅州的优质、生态、富硒、长寿农产品代言带货，帮助农民兄弟拓销路、促增收。直播活动持续了 5 个半小时，重点围绕"脱贫攻坚""客家风情""寿乡好货""带货互推"等主题，为梅州特色农产品代言推介，其中"夫妻树"黑木耳频频在直播间被领导们推荐。在直播活动期间，不仅产品价格实惠，还送出了限时 1 元秒杀黑木耳、黑花生等诸多福利，引得网友们纷纷点赞、下单，活动气氛持续高涨。

在直播现场，时任梅州市市长张爱军向全国网友介绍了世界客都深厚的人文底蕴和风采，极力推介了梅州柚、嘉应茶、黑木耳、肉鸽、番薯等特色农产品。对每一样特色农产品，他都如数家珍，用最接地气的语言道出了最美梅州"味道"。

在直播间谈到蕉岭特产黑木耳时，张爱军说："我为黑木耳代言。黑木耳是举世公认的保健食品。它长在世界长寿乡蕉岭，富含硒元素，这是跟一般木耳的最大区别。"

时任蕉岭县县长刘彩波作为首位走进直播间的"网红"县长，率县农业农村局、广福镇领导倾情为黑木耳代言推介，他为网友们介绍了黑木耳的种植生产过程、口感及功效等。蕉岭黑木耳生产原材料选用当地阔叶硬杂木、麸皮、面粉、豆粉等，无任何化学添加剂，经过两道搅拌工序，生产出菌包，之后经过灭菌柜 100℃ 以上高温杀菌，放在低温密闭空间自然生长，这样生产出来的菌包安全健康，长出的黑木耳自然是放心食品。

在谈到蕉岭出产的黑木耳时，刘彩波县长强调说："我们蕉岭的黑木耳都是公司化运作，菌包从源头开始就管理得特别好，所以产出的黑木耳品质特别好。它的肉质特别厚、弹性特别好、营养特别丰富。"

此次领导代言推介活动通过开展网上直播带货，既解决了农畜产品销售问题，又有力推动了梅州市农村数字经济发展和脱贫攻坚。"夫妻树"品牌黑木耳也在这一波推广活动中，收获了"粉丝"，收获了订单。

《梅州日报》2020 年 5 月 18 日 03
版报道

蕉岭县领导率队走进直播间推介
蕉岭特色农产品

5. 积极参与消费扶贫，拓展企业集采特色渠道

"夫妻树"品牌拥有世界长寿乡的营销概念，有各级政府领导、
主流媒体、网络红人的营销背书，也有联农带农、乡村振兴的营销
题材，这些强大而有力的营销资源让品牌知名度得到迅速提升，接
下来最重要的事情就是把品牌知名度转化为实实在在的市场效益。
除了让"夫妻树"品牌产品走进商超、电商平台等市场化的中高端
渠道，南方长寿生物公司还抓住消费扶贫的时代机遇，积极参与
"万企帮万村"行动，并与对口帮扶蕉岭的各大单位密切联络，推
动"夫妻树"品牌产品拓展知名企业、机关单位集采的特色渠道，
提升产品的市场效益。

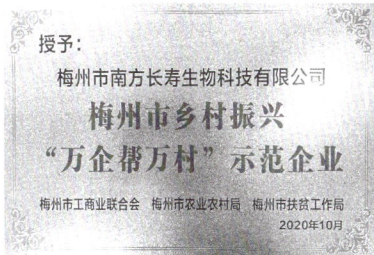

南方长寿生物公司积极参与消费扶贫

从 2019 年初联合上市公司塔牌集团开展"百企帮百村，消费助扶贫"以来，"夫妻树"品牌农产品已经拓展了邮政"邮乐购"、南方报业传媒集团南方优品、奥园、广州地铁等知名企业和机关渠道。"消费扶贫"以买带帮、以购代捐，不仅让优质的品牌农产品直接进入具有品牌消费意识和消费能力的渠道，提升了市场效益，还调动了贫困人口通过劳动致富的积极性，形成了多方共赢的局面。

随着"夫妻树"品牌知名度的不断提高，农产品销售额也水涨船高，每年基本做到翻番，各类渠道数量已经突破 100 个。2021年，尽管受到新冠疫情的影响，"夫妻树"品牌农产品的销售额仍然突破 1 000 万元，品牌农产品的售价也高出市场同类产品均价 30％以上。

实战小结

从资源禀赋出发修筑护城河

"夫妻树"品牌知名度越来越高，近年来先后获得了广东省名特优新农产品、粤字号名牌产品、南方养生明星产品、长寿乡富硒品牌、最具客家传统文化手信产品等荣誉。

"夫妻树"品牌打造主要有三个关键点：

一是用好资源禀赋。从蕉岭县自然资源禀赋出发而打造的"夫妻树"品牌,深深扎根于全球第七个"世界长寿乡"的热土中。本为健康食品的食用菌,有了世界长寿乡这块金字招牌的加持,其品牌价值如虎添翼,犹如开掘了一条难以攻破的护城河。据检测,"夫妻树"黑木耳多糖含量是其他地方同品种木耳的4倍,总蛋白含量是其他木耳的2倍,这就是自然禀赋的优势体现。

二是注入科技含量。"夫妻树"品牌能够得到众多社会资源持续的支持,除了它始终接地气、脚踏实地深耕地方特色产业,实实在在地带动农民增收致富之外,还在于运营团队不断努力提升产品内功,善用科技资源打造品牌"护城河"。

在产品打磨的过程中,经营团队与华南农业大学、广东省农业科学院、广东省微生物研究所、吉林农业大学等合作,在菌种选育、高效栽培、节能降耗等方面展开研究,南方长寿生物公司的木耳种子还搭载神舟十六号载人飞船进行航天育种。

三是紧跟时代热点。经过一系列结合当今时代热点的成功策划,在国家脱贫攻坚、乡村振兴战略的政策东风下,"夫妻树"品牌得到了各级媒体、政府官员和网络红人等社会各界高频次的宣传和推介。时至今日,有关"夫妻树"富硒大米、"夫妻树"黑木耳的相关报道和网络资讯数不胜数。南方长寿生物公司在运作过程中,采取公司+合作社+农户的业务发展模式,为联农带农和乡村振兴提供了一个行之有效的共富样本。

"夫妻树"品牌的发展实践充分说明,培育品牌离不开一条完整的产业链,品牌占领市场绝非靠一两次高明的策划,而是产业链建设和营销的综合结果。

五、啵啵脆荔枝：新鲜欲滴好滋味！

啵啵脆是一个来自粤语的拟声词组，意指嫩、脆、爽口；粤语中有"十八岁，啵啵脆"的说法，形容十八岁的女孩正值青春、最具风华的时期。新农财从这句俚语中得到灵感，注册了"啵啵脆"商标，意图把优质农产品与年轻人充满朝气、鲜活灵动的特质进行联结，培育一个年轻人认同并喜欢的品牌。

"啵啵脆"品牌主要应用在水果类生鲜农产品特别是岭南最具特色的荔枝产品上，意指品质表现达到最佳的农产品。品牌内核就是产品新鲜、口感好，"啵啵脆，新鲜欲滴好滋味"。在品牌培育传播方面，新农财重点聚焦广东优质荔枝主产区，与一批经营理念先进和种植水平较高的专业种植户及基地深入合作，通过开展系列品牌营销推介活动，"啵啵脆"成了辨识度极高的广东荔枝品牌之一，并拓展了一批高端销售渠道，获得了较好的市场口碑。

（一）品牌故事

岭南佳果闻名遐迩，尤以荔枝最负盛名，它果肉晶莹剔透、口感爽滑甘甜，风味之鲜美，带给人一种极致的味觉体验。古往今来，文人墨客对岭南荔枝的赞美是其他水果无可比拟的，最著名的便是苏轼被流放岭南后所作的"日啖荔枝三百颗，不辞长作岭南人"。

荔枝虽然味美，却是一种非常娇贵的水果，在没有冷藏措施的条件下，它的保鲜时间非常短暂。白居易曾提到："若离本枝，一日而色变，二日而香变，三日而味变，四五日外，色香味尽去矣。"荔枝极不耐储藏的特性，使这种风味绝佳的岭南佳果屡次出现"丰年果贱"的局面，大部分荔枝只能集中销往省内及周边市场，往往导致北方人尝到的荔枝早已不新鲜，对书籍典故中所描绘的美味很难有深刻体验。

熟悉世界荔枝生产状况的国家荔枝产业技术体系首席科学家陈厚彬教授说，世界上有荔枝的地方不多，最好的在广东！过去荔枝产业基础设施条件差，发展水平低，导致这个产业只是有产品、有规模，但无品牌。不过，随着近年来电商营销和现代物流业的高速发展以及冷链保鲜技术的应用，荔枝的销售情况不断得到改善，越来越多的消费者能够品尝到新鲜味美的广东荔枝。不少年轻人还利用短视频、直播电商等新型传播手段推广和销售广东荔枝。在互联网广泛普及的时代，广东荔枝这一岭南佳果具有成长为强大的区域公用品牌的潜力，同样道理，在信息越来越丰富、传播渠道越来越发达的互联网时代，更需要具有高辨识度的荔枝个性品牌。品牌作为一种信息简化器，在产品信息供给极为丰富的互联网时代，其作用必将越来越大，消费者将更加依赖品牌而做出消费决策。

那么，好荔枝该如何被辨识出来？形容荔枝美味好吃的辞藻千千万万，怎样才能达到令人眼前一亮、耳目一新的感觉呢？当新农财团队想到用"啵啵脆"这个词时，乍一听颇有点脑洞大开的意味。不过细细推敲，却发现十分贴切。

首先，"脆"在形容农产品的时候，是代指品质好的褒义词，比如爽脆、酥脆、脆甜等。其次，果蔬脆，则好吃，研究人类饮食进化的人类学家发现，"脆"是食物好口感的重要指标。一般而言，能够用脆来形容的农产品，本身应具有一定硬度的特质，比如枣、甜瓜、柑、苹果、桃、李、栗子、梨、黄瓜等，正如新农财在培育"山瑶脆柑"品牌时，已成功将"脆"字应用在广东特产贡柑上并获得了成功。因此，只要策划得当，"脆"这种特质在农产品品牌培育方面能延伸出更广的应用场景，而且"啵啵脆"作为拟声词，更为生动，更有传播力。

其次，"十八岁，啵啵脆"形容人生最青春、最风华正茂的时期，"啵啵脆"的农产品，不就是品质最好的农产品吗？更巧的是，"啵啵脆"来自粤语民俗文化，荔枝也是最能代表广东特色和广府文化的农产品，"啵啵脆"＋广东荔枝这对 CP（组合），可谓相得益彰。

品牌的基础在于品质，"啵啵脆"荔枝坚持高质量标准和高品质体验，在中高端渠道得到广泛认可，成功实现了优质优价。

（二）品牌主张

"啵啵脆"很容易让人联想到新鲜、爽口的美味农产品，因此，它的品牌核心主张就是强调产品新鲜、品质最好，用一句话提炼就是：新鲜欲滴好滋味！

荔枝是广东的特色产品，其风味之鲜甜举世闻名。初夏上市的荔枝，新鲜爽口，外表鲜艳养眼，果肉爽滑甜蜜，是清凉消暑的最佳选择。好的荔枝，个头匀称，表皮艳丽，沿着美人线轻轻打开果壳，果肉晶莹剔透，脆嫩欲滴，入口之后，脆嫩的肉壁在齿间弹开，蜜汁香甜四溢，全身细胞都被激活了，瞬间让人感受到那种"十八岁，啵啵脆"的活力。因此，"啵啵脆"品牌赋予的"年轻活力，新鲜动人"寓意便有了坚实的支撑。

所以，"好荔枝，啵啵脆，新鲜欲滴好滋味！"

（三）品牌形象

"啵啵脆"品牌 logo 主体以活泼动感的美术字体画构成，并鲜明亮出"新鲜欲滴好滋味"的品牌主张，意寓好吃就是新鲜，好吃就是"啵啵脆"。

"啵啵脆"品牌 logo

（四）品牌传播

品牌的价值体现在能够让消费者明确、清晰地识别并记住品牌的利益点与个性。"啵啵脆"品牌在互联网时代，通过内容营销、产品推介以及营建社群关系等，持续扩大品牌朋友圈，培育品牌的心智认知和核心势能，不断建立起品牌带给消费者的安全感、信任感！

1. "啵啵脆"荔枝通过媒体首次"亮相"

为了正式推出"啵啵脆"品牌，新农财首先在一系列的网络媒体上进行了高频次的内容推广；随后农业主流媒体《南方农村报》策划的"荔枝种植匠"系列报道中，30年匠心种植荔枝的"啵啵脆"基地主人刘新强正式亮相，他郑重承诺：新鲜动人的"啵啵脆"荔枝，源自种植匠人的用心打理，品质自然令人放心。

《南方农村报》报道刘新强获得"啵啵脆"荔枝"中国种植匠示范户"称号

为持续提升品牌知名度，新农财向各大媒体平台推广了相关报道，并通过发起问卷调查、举行品牌产品网络发布会、上架知名电商平台销售等形式，精心策划了一系列线上营销活动，借助媒体的势能，使"啵啵脆"荔枝迅速在网络上形成热词刷屏。

2. "啵啵脆"荔枝参加省级品牌推介活动

除了线上的内容营销,"啵啵脆"荔枝还积极参加一系列的品牌推介活动。

2018年6月6日,"啵啵脆"荔枝亮相广东省农业农村厅举办的第二届名特优新农产品推介活动——"天生荔质 e网选尽"2018年广东荔枝电商节,"啵啵脆"品牌参展的妃子笑品种,以个大饱满、肉脆蜜香以及适合互联网传播的品牌风格,受到众多参会领导嘉宾、采购商的好评,同时还拓展了不少优质渠道。一位领导在品尝了"啵啵脆"荔枝后,当场赋诗一首:荔枝啵啵脆,新鲜好滋味,恰如十八岁,奋斗正当时。

"啵啵脆"荔枝受到领导嘉宾、采购商的好评

(五)品牌产品营销

好荔枝,啵啵脆!"啵啵脆"荔枝产自管理比较规范和种植水平较高的专业种植基地,为确保"啵啵脆"荔枝的品质,新农财充

分吸收荔枝产业专家以及专业种植基地的种植管理经验，制定了"啵啵脆"荔枝的品质等级供应标准。正是出于对品质的严格把控，才保证了"啵啵脆"荔枝的市场口碑，推动了品牌化销售，提高了产品的复购率。

1. "啵啵脆"品牌包装

"啵啵脆"荔枝品牌包装风格简洁，正面红色背景，采用活泼的美术字体呈现"我要啵啵脆，生活好滋味"的品牌标语。侧面白色背景，"啵啵脆"品牌 logo 占主体。左上角体现"种植匠"的品牌 logo，意图表明"啵啵脆"荔枝是匠心种植的产品，品质有保障。包装画面清爽醒目，主题表现力强。包装规格有 2.5 千克装和 4.5 千克装，以 2.5 千克装为主。

"啵啵脆"品牌包装

2. 举办线上产品推介会

2019 年 5 月 16 日，"啵啵脆"荔枝上市前夕，新农财团队与国内知名农产品推广平台"新农堂"开展合作，举办"啵啵脆"品牌产品线上推介会，向 600 多家渠道商发布新季"啵啵脆"荔枝产品。

线上发布会的成功举办，拓展了"啵啵脆"荔枝的销售渠道。发布会当天，超过百家渠道伙伴与新农财运营团队进行了对接，累计订购额超过百

"啵啵脆"荔枝新品线上推介

万元。南方⁺等媒体对此进行了报道。

3. "啵啵脆"品牌产品销售

"啵啵脆"荔枝产品，普遍个大果
甜，外皮鲜艳较易保存，果肉鲜嫩爽
脆，果商、消费者吃过之后都赞不绝
口，确实称得上"啵啵脆"！在每年的
5~7月荔枝上市季，"啵啵脆"荔枝
通过上架岭南生活、银联云闪付、经
选商城、苏宁易购等一批知名电商平
台，以充满活力的品牌风格和优秀的
品质，实现当季热卖，并且品牌效应
非常明显，"啵啵脆"荔枝的市场价格
是同类荔枝品种市场价格的2倍以上。

罗浮山妃子笑啵啵脆荔枝 净重3/5斤装

"啵啵脆"荔枝上架电商平台

另外，"啵啵脆"荔枝还拓展了高端商超、企业集采及社区机
关单位团购等渠道，做到当天采摘即可送达消费者手上的"超快
递"速度，大大缩减销售环节和降低物流成本，消费者在吃上新鲜
荔枝的同时还能获得实惠。2020年，"啵啵脆"特级高州桂味上架
高端超市Ole'精品店，特级果每千克售价高达158元。国企广物
汽贸举办的车尾厢工程专场活动采购"啵啵脆"特级妃子笑，每千
克价格为48元，由专用冷链运输车统一配送，采后12小时内送到
活动现场，美味又新鲜的特级妃子笑荔枝获得不少消费者的称赞。

"啵啵脆"荔枝分拣现场

"啵啵脆"荔枝装车发货

"啵啵脆"特级高州桂味
上架高端超市 Ole'精品店

国企广物汽贸采购"啵啵脆"特级妃子笑荔枝

实战小结

让品牌年轻化

"啵啵脆"荔枝是基于粤语民俗文化而打造的一个农产品品牌，策划思路力图将品牌与年轻人充满朝气和活力的精神进行联结，培育出一个高势能的农产品品牌。

新农财从三个方面让"啵啵脆"品牌实现年轻化：

一是名字年轻化。"十八岁，啵啵脆"，这句粤语俗语把啵啵脆这个词与十八岁关联在一起，也昭示着这个品牌天生就是属于年轻人的，产品本身的无比新鲜与年轻人的无限活力交融在一起，不分彼此，为产品人格化提供了先天的基础。

二是营销方式、销售渠道年轻化。在品牌营销过程中，新农财注意到，在供给极大丰富、流量成本不断高企的互联网新零售时代，无论是通过渠道差异化，还是产品特色化，抑或对人的专属需求予以满足等方式来提升产品溢价，借此打造新高端产品，人、货、场三大要素绝不能割裂开来，必须让产品与用户产生强价值关系，唯有如此才能让产品快速被消费者，尤其是年轻消费者所认可和选择，产品的高端价值才能持久地赢在市场、赢得时代。

因此，产品在拥有年轻人喜爱的名字和包装后，再辅之以活动、场景互动等年轻人专属社交关系的强化，对人、货、场三大要素三位一体充分考虑，交易附加价值就可以在无形中完成，这也是通过Ole'等年轻白领钟爱的渠道提升产品溢价的正途。

三是内容输出年轻化。"啵啵脆"荔枝的品牌培育和营销过程十分注重输出有价值的内容，并制造话题与年轻消费者互动，通过刻画年轻灵动的品牌内涵和形象、构建渠道商社群、举办网络发布会等强化社交沟通的手段进行品牌营销，成功拓展了一批中高端渠道，提升了产品溢价。

通过品牌策划、传播以及营销过程的实践，"啵啵脆"荔枝成为一个具有高辨识度和知名度的广东荔枝品牌，并且成功入选广东省名特优新农产品目录，品牌溢价能力较强，并与匠心种植的荔农一起分享品牌红利。

六、杨华苹果：好吃就是硬道理！

"杨华苹果"是新农财团队深度参与营销的一个位于贵州省威宁彝族回族苗族自治县（简称威宁县）的苹果品牌。杨华是一个人名，他不仅是一位很有水平的苹果种植匠人，也是一位从事苹果栽培技术推广的高级农艺师，是名副其实的贵州威宁苹果产业发展带头人。

威宁是贵州苹果的主要产地，位于我国西南冷凉高地苹果产业带内，这个产业带还包括四川阿坝、甘孜，云南昭通、宣威等苹果产区，所产苹果的最大特点就是外形一般，但内在品质优异，在市场上有"丑苹果"之称。与陕西、山东等全国优势苹果产区相比，这些产区的产业化水平相对较低，市场知名度不高。

幸运的是，贵州威宁苹果这两年得到了习近平总书记和邓秀新院士的高度称赞。作为威宁苹果产业的引领者，"杨华苹果"也走上了品牌化发展的道路，在新农财团队的运作下，"杨华苹果"在品牌传播与市场渠道拓展方面越做越好，品牌效益不断提升。

（一）品牌故事

贵州在中国苹果版图中所占的份额并不大。根据 2019 年的统计年鉴数据，贵州苹果产量仅占全国产量的 0.48%，主要集中在与云南交界的威宁一带。威宁素有"阳光城"之称，光照充足，高海拔、低纬度、大温差的气候优势得天独厚，是苹果生产的适宜区域。对于威宁苹果产业的发展，威宁县的市管专家、高级农艺师杨华做出了突出贡献并得到了政府和社会的认可。

1. 种植匠杨华

威宁曾是一个资源匮乏的国家级贫困县，要实现脱贫致富，必须要有合适的产业。1993 年 7 月，杨华从贵阳农校园艺专业毕业后，主动申请分配到条件极为艰苦的威宁县农业局黑石示范场专门从事农业技术指导工作。根据理论与实践的综合判断，他坚信威宁是贵州苹果生产最适宜的地区。从参加工作以来，他便将自己的生活与威宁苹果紧紧地绑在一起。

起步之路总是很艰辛。相对山东、陕西等全国苹果优势产区，威宁苹果产业起步较晚，全县苹果生产存在品种杂乱、树体缺乏合理整形修剪、果园管理粗放、产量低、品质差的问题。杨华很清楚，威宁苹果要建立起自己的市场竞争优势，就必须走优质、早熟、绿色生态的发展道路。为了摸索出一套适合威宁苹果的栽培管理技术，白天，他不仅要管理生产，记录果树病虫害的发生、发展规律及果树生长规律；晚上，还要查阅资料夯实技术。通过苹果品种引进、选育、示范种植、栽培方式改良等，杨华成功实现了挂果早、品质优、乔化转矮化的技术创新。经过日积月累，杨华整理出了适合威宁的苹果栽培管理方面的第一手技术资料，探索并掌握了一系列的物候规律和苹果种植技能，然后把这些规律和经验用于生产实践。终于，他培育出了品质极佳的"威宁冰心苹果"，成为具有威宁特色的苹果产品，得到省内外消费市场的高度认可。

为做好技术推广，无论集中培训还是现场亲自示范，杨华从不放过技术指导的每个细节，边做边向果农耐心讲解技术要点，还常与他们同吃同住，足迹遍及威宁所有的苹果基地。为充分带动当地苹果产业发展，杨华积极奔走，与各相关单位合作，集聚大量技术、人力、物力、财力，创办出了效益显著的山地高效生态农业示范园。人们看到了苹果带来的收益，纷纷加入苹果种植行列，由杨华拓荒的威宁苹果产业就这样生根发芽。

2004年，杨华响应威宁县农业局进一步理顺下属场部经营和管理机制的决定，将当地黑石果场和新街果场承包下来经营，成了威宁苹果产业承包经营第一人。

凭着敢闯敢干的精神和脚踏实地的作风，杨华亲临一线带领农户发展苹果种植，经过 20 多年的艰苦努力，提升了苹果的产量和品质，打响了威宁苹果的名头。20 多年来，带动当地农户累计增收 5 690 多万元，培养出 600 多名优秀的苹果生产技术人员。

杨华在苹果园开展技术示范培训

如今，杨华已建成猴场、牛棚、黑石、雪山多个示范基地，带动贫困户共计 240 余户，单是猴场镇格寨村基地，种植规模就达到了 5 000 亩。杨华还注册成立了威宁县猴场镇印落福地生态农业专业合作社。据了解，合作社吸纳 362 户 1 910 人入股，入股股金共计 1 847.6 万元，入股土地 7 868 亩，每年稳定用工 5 万人次以上，可提供稳定就业岗位 100 多个。周边众多群众来果园务工，村民变果农，不仅在家门口赚到钱，还学到了技术，既解决了当地剩余劳动力就业难的问题，又为果农增收致富创造了新途径。

多年的实践和理论总结，使杨华在威宁苹果产业上取得了累累成果。2011 年以来，杨华主持了威宁冰心苹果优质高效栽培示范与基地建设、苹果"三优"技术的引进与示范、精品苹果早果丰产与抗旱栽培技术试验示范、威宁红富士苹果高效施肥技术研究与示范等 10 多项科研项目，通过科研试验，总结出了一套可复制推广的苹果种植技术，同时他还主持和参与了 10 多项产业扶贫、财政扶贫项目，有效改善了威宁苹果生产品种杂乱、树体缺乏合理整形修剪、果园管理粗放、产量低、品质差的现状，推动威宁苹果产业取得突破性发展。

　　基于对威宁苹果产业的突出贡献，2020 年，杨华荣获"贵州省先进工作者"荣誉称号。为进一步提升苹果的示范带动效益，杨华将自己亲自管理生产出来的苹果取名为"杨华苹果"，并在政府的支持下，购置了分选设备，加强供应链管理水平，走上了品牌化发展道路。

2. 世界上独一无二的苹果产区

　　"杨华苹果"所在的贵州省威宁县，是一个被称为"阳光城"的地方，平均海拔 2 200 米，平均日照 1 812 小时左右，具有低纬度、高海拔、强光照、大温差的气候特征，非常适合优质苹果的生产。

　　2020 年 10 月 23 日，中国工程院副院长、中国科学技术协会副主席、民盟中央副主席邓秀新院士在贵州省农村产业革命水果产业专题报告上对威宁发展苹果产业进行高度评价：贵州威宁和云南昭通的交界地带，可以说是世界上独一无二的特别的苹果产区，高海拔地区紫外线特别强，生产出来的苹果香味特别浓，果肉特别细，虽然外表不太好看，但是内在品质特别好。其他苹果主产区光照再好也模仿不了这个区域的苹果品质，世界上其他任何一个地方都无法模仿，在中国的苹果产业发展规划中，这一带是高原苹果区，也是优质苹果区。

　　邓秀新院士连用了五个"特别"、两个"模仿不了（无法模仿）"、一个"独一无二"来形容贵州威宁苹果，在农产品领域，如此之高的评价可谓凤毛麟角。

　　"杨华苹果"的优秀品质，确实当得起邓秀新院士的评价：苹果香味特别浓，果肉特别细，虽然外表不太好看，但是内在品质特别好。

　　绿色种植的"杨华苹果"只要洗净擦干即可享用，完全无须担心果皮是否残留农药。吃之前凑近果面，深深吸几下苹果的清香，

威宁苹果

再一口咬下去，尽情享受苹果的清脆与香甜。"杨华苹果"肉质细密、汁多化渣、甜脆爽口，满口汁水让人回味无穷，也不用怕果肉、果皮会塞牙缝，真可谓是"甜香脆嫩连皮吃"。

3. "杨华苹果"成长记

从建园至今，"杨华苹果"一直严格按照国家绿色食品标准的要求生产，尽量减少化学农药和肥料的使用，尽可能还原自然生态种植环境，用匠心种出每一颗"杨华苹果"，找回苹果本身的自然味道。

初春，土地褪去冰雪的包裹，苹果树结束冬眠，嫩绿的小芽在枝丫里争相冒出来亮相，在阳光雨露的滋润中长出枝叶，开出娇艳的鲜花。工人师傅们为苹果树"整形瘦身"，保证树形统一。

整形修剪　　　　　　苹果花开

　　半夏，小果子雏形已成，害虫也馋嘴了起来，工人师傅们在苹果树下养鸡，并配合安装太阳能智能杀虫灯、粘虫黄板等防治措施防治害虫，为苹果的健康成长保驾护航。

苹果树下养鸡　　　　　　　　　　安装杀虫灯

　　为保证苹果树生长所需的充足营养，首先，工人师傅们会为果树"减负"，疏掉部分弱小、生病、残损的果子；其次，解除果树生长的竞争束缚，通过人工除草的方式去除杂草，并在行间种植绿肥作物，目的是与杂草竞争生存空间。不使用除草剂，严格按照绿色食品标准施用农家肥和依靠滴灌系统运输的水溶肥补充营养，让生态绿色的果子在水肥的营养中成熟起来，在阳光下露出绯红的笑颜，最后成为消费者们吃到的"杨华苹果"！

人工除草　　　　　　　　　　　种植绿肥

挖沟施用牛粪沤制的优质有机肥

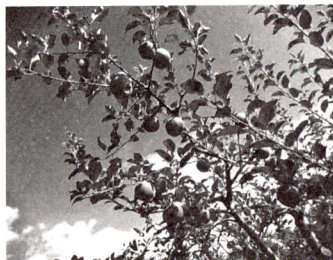

优质"杨华苹果"挂满枝头

(二)品牌主张

品牌的支撑基础在于品质。"杨华苹果"的背后是一位农业工作者数十年的执着与付出，同时，它也是品质不断提升的优质苹果代表。别看它"苹苹（平平）无奇"，甚至还有点"丑丑的"，但只要吃上一口，你就会发现"以貌取果"其实不大靠谱，用味道说话，最能征服人心。

"杨华苹果"带给人的品质体验堪称极致：洗净擦干，凑近果面，深深地呼吸苹果的清香；大咬一口，红得发亮的果皮被咬破，汁液溢进口腔，果肉与果汁的香甜，肆意地在舌尖上舞蹈，甜嫩的果肉和清润的果汁在嘴巴里交织，甜而真，脆而嫩，脆脆甜甜不含"酸"。

"杨华苹果"，就是用味道征服人心，好吃就是硬道理！

(三)品牌形象

"杨华苹果"品牌以个人名字命名，顺应了品牌人格化的潮流，体现了对产品品质的自信和担当，品牌logo颜色选择高级的黑金色，给人一种稳重、高级、耳目一新的感觉，辨识度高、容易记住，让消费者印象更深刻。

"杨华苹果"
品牌logo

（四）品牌传播

杨华本人所具有的匠人属性，以及"杨华苹果"在联农带农和东西部协作扶贫中发挥的重要作用，使"杨华苹果"这个品牌一直以来都成为媒体关注的焦点。

媒体渠道齐宣传，助推"杨华苹果"出圈

结合"杨华苹果"的品质特点，新农财团队通过岭南鲜等公众号平台刊发多篇图文并茂的推文，生动地阐述了"杨华苹果"的品质特点，以及杨华推广培育威宁苹果的故事，并将内容推送到《南方农村报》官方网站等媒体发布。

同时，在新农财团队的推动下，"杨华苹果"顺利进驻银联云闪付平台，并连续获得广东银联的广告资源位以及现金补贴销售的支持。为推广"杨华苹果"，云闪付平台多次刊发产品推文。这些举措，大大拓展了"杨华苹果"在市场上的知名度，而"杨华苹果"也凭着优秀的品质收获了良好的市场口碑。

"杨华苹果"进驻中国银联云闪付平台

值得一提的是，2021 年，在粤黔东西部协作的大背景下，广州市番禺区对口帮扶贵州省威宁县工作组为支持威宁苹果产业发展，在广州地铁投放了以"威宁红苹果·阳光小甜心"为主题的威宁苹果灯箱海报，投放时间将近一个月，市场反响热烈。帮扶工作组合作的重点对象就是"杨华苹果"，他们支持引进了苹果分选生产线，提升了"杨华苹果"供应链的管理水平。

威宁苹果灯箱海报在广州地铁亮相

（五）品牌产品营销

在新农财团队的深度参与下，"杨华苹果"的市场口碑越来越好。自 2020 年以来，随着网红大 V 罗永浩直播推介、中国银联云闪付、广东经视等平台销售推广活动的开展，"杨华苹果"的品牌知名度不断攀升。

1. 头部网红直播推介，"杨华苹果""一炮而红"

在网红经济时代，知名网红代表着流量和曝光度，罗永浩就属于知名的头部网红大 V。2020 年 11 月 15 日，"杨华苹果"走进了罗永浩的直播间，在短短的几分钟时间里，"杨华苹果"冰糖心、果味浓的品质特点就被千万网友熟知。

这一场网红直播秀大大提升了威宁"杨华苹果"的知名度，虽然现场直接下单仅 6 000 余箱，直播带来的销售效益似乎不够显著，但后续的市场反响很大，许多渠道商通过这场直播找到了"杨华苹果"基地和营销负责人，为以后的市场拓展打下了良好基础。

2. "杨华苹果"&"种植匠"品牌包装

"种植匠"是新农财打造的一个种植业的认证品牌，杨华是一位符合种植匠标准的生产者。因此，新农财团队在参与设计的"杨华苹果"品牌包装上，放上了"种植匠"的品牌 logo。包装选取暖红色作为主色，主要有两重寓意：一是威宁海拔高、光照强，苹果种植过程不套袋，种出来的苹果比较接近暖红色；二是暖红色调在视觉上给人一种温暖的感觉。特级果、一级果包装正面以简约大气的"杨华苹果"为主体，并辅以英文翻译，体现出高级感，可作为出口的包装；二级果精简装包装正面设计使用了古风元素，在苹果图案内融入乌蒙山、威宁草海、凤山寺、黑颈鹤四大贵州标志性元素，表明"杨华苹果"属于贵州的特色产品。

特级果、一级果包装　　　　　　　　二级果精简装

3. "杨华苹果"品牌产品销售

2021 年的农产品市场行情整体不佳，具有同样地理优势的云南昭通苹果并不好卖，统果批发价每千克 2 元多，质量差的苹果更是低至每千克 1.6 元以下。而"杨华苹果"通过合理的产品质量分级，特级果地头价每千克高达 14 元以上，在一级批发市场的批发价每千克超过了 20 元，早中熟品种上市不到半个月，特级果、一级果基本售罄，其他级别的苹果也所剩无多，比预期销售时间缩短近半。

在新农财团队的努力下，"杨华苹果"成功上架中国银联的线上商城云闪付、岭南鲜、广东经视、高铁管家等电商平台。中国银联云闪付平台还拿出巨额补贴推广"杨华苹果"，用户只要在云闪付平台下单购买，即可享受最高15元的减免优惠。

杨华苹果5斤 绿色种植好吃的脆甜香苹果
(精简5斤装约10至16个果)

规格　5斤/箱

5斤家庭装　　一级果5斤装

"杨华苹果"上架知名电商平台

包装好的"杨华苹果"产品等待出货

咸宁：生态畜牧业"蓄势扬帆"助力乡村振兴

媒体报道"杨华苹果"的供应销售情况

另外，新农财团队还积极推动"杨华苹果"进入广州、重庆的连锁生鲜商超、水果批发市场等，不断拓展线下品牌渠道。

"杨华苹果"品牌产品进入商超

实战小结

产品人格化的典型打法

"杨华苹果"是一个典型的人格化产品品牌。在近年来创业风口之一的农产品领域，除了褚橙之外，目前还没有第二个能取得连续成功的人格化品牌。原因并不复杂，品牌的主人公如果不亲自参与对企业、产品的经营管理，除了在品牌初创时期，主人公能凭借其正面形象、知名度和影响力给品牌一个推力以外，之后便难有实质性助益。如果主人公在参与经营管理的过程中，一旦出现负面新闻，该品牌将很难与主人公切割，品牌价值便不免要打折扣。

"杨华苹果"之所以能脱颖而出，主要有三个原因：

一是品牌的主人公足够强。"杨华苹果"品牌背后的主人公杨华高级农艺师，不仅是一位优秀的基层农技推广专家，更是新时代联农带农、推进共同富裕的基层代表。培育一个知名品牌，带动一个地方产业，帮助一方群众脱贫致富，杨华用了30年坚持走这条路，这在全中国都是罕见的。

二是产品的品质壁垒足够高。"杨华苹果"打开市场后，销售渠道每年都抢着卖，以至于出现营销团队要给渠道酌情分货的局面，导致其他产地的苹果要么提前开卖要么推迟上市，以避免与"杨华苹果"销售撞期。这种现象出现的终极原因在于"杨华苹果"有品质壁垒，而且这个壁垒由于地域、气候和种植管理等因素的影响变得足够高，是其他产地的苹果无法比拟和超越的。

三是产销结合的捆绑足够深。几年前，新农财提出"种植匠"的理念，并一直与合适的种植匠合作，但由于种种原因，新农财团队并没有下定决心向市场推广属于种植匠本人的专用品牌。直到接触杨华本人，新农财团队认为找到了完全符合种植匠标准的生产者，因此打消了顾虑，倾尽全力推广种植匠本人的专属品牌，并用"种植匠"品牌与"杨华苹果"品牌联名，使品牌"见物又见人"，和杨华一道共同把"杨华苹果"培育成为具有市场竞争力和影响力的知名品牌。

目前，"杨华苹果"已在全国各重点市场打开了局面，通过分选分级销售，以及在知名中高端渠道的特许经营，"杨华苹果"已经走在品牌带动产业效益提升的正确道路上。

区域公用品牌塑造与营销

以集体商标、证明商标注册的品牌，可称为区域公用品牌。针对区域公用品牌，新农财团队结合自身对品牌理论的理解和品牌运营服务经验，对广东荔枝、广东菠萝、连州水晶梨、新会陈皮、澄海狮头鹅和白蕉海鲈等各级区域公用品牌的传播与营销进行了梳理和总结，力图揭示在当前由政府主导的区域公用品牌发展格局下，农产品区域公用品牌如何走出一条从"品牌造势"到"产品造市"的有效发展路径。

目前，我国的农业区域公用品牌培育存在一些问题，主要包括主体缺失、搭便车和卖点不清。

1. 主体缺失

创建区域公用品牌应该由政府主导，可以起到背书作用或者发挥规范功能，然后让独立的中立机构去运营整个区域品牌，一般情况下，不能交由企业运作，也不能由行业协会运作。中立机构负责从源头开始抓起，一二三产业打通，做到生产统一、采购统一、销售统一、品牌统一，这样区域品牌才有市场力。具体做法应该是由下而上，而不是由上到下。但在由下而上的过程中，因为下面没有独立机构操盘，所以把农业品牌搞得散、乱、小。目前全国各地的区域品牌运作主体都是缺失的。

2. 搭便车

政府把区域品牌注册下来，就属于公共资产，它最大的问题是会出现搭便车现象，容易发生公地悲剧。所以，政府要严管区域公用品牌的授权，严格按标准来，但是运营一定要交给第三方，一个独立于生产经营企业之外的中立机构；或者由政府专门成立一个区域公用品牌运营中心，统管品牌运营，企业只能成为授权对象，而不能成为主导单位，这个一定要搞清楚。

3. 卖点不清

区域公用品牌讲的是公信力和权威性，当然也注重功能性，目前区域公用品牌有个大问题，就是没有一句话表达对于消费者的独特价值。最近几年区域公用品牌创建的潮流中，有一个值得注意的现象，就是"大一统"式的品牌命名，包括合并区域和合并品种，这主要是为了方便政府的工作。从消费者视角来看，应该针对独特的产品做品牌，品牌要搞得特色鲜明才好，否则就失去了品牌应有的价值。发展特色产品品牌，扶持企业做产品品牌，做到最后，区域公用品牌就出来了。

近年来，新农财团队持续承担了部分区域公用农产品品牌宣传推介服务项目。新农财结合自身积累的农产品市场化实践经验，在农产品区域公用品牌营销策划方面打造了部分创新案例，尤其是在县级农产品区域公用品牌营销策划和落地执行方面，从品牌定位、品牌包装、品牌产品标准、品牌传播和品牌营销等方面进行了系统梳理，规划品牌发展措施及路径——定义产品、树立形象、定位市场、精选渠道和提升品牌等。在为地方政府部门开展品牌形象提升、品牌产品供应标准制定、品牌宣传推介与渠道拓展等具体有效的品牌营销服务工作中，总结出了一套区域公用品牌发展提升的路径措施，力图打造出品质优、口碑好、竞争力强的区域公用品牌标杆。

区域公用品牌市场体系发展策略思路

以蔬菜产业为例，广东是全国蔬菜种植大省，也是消费大省，还是著名的北运菜基地，但品牌知名度和影响力总体偏低。新农财团队经过调研分析，梳理出区域公用品牌市场体系发展的策略思路。

1. 清晰的品牌定位

当前农产品处于总量供应过剩、优质产品供给不足的双重矛盾之中，大量没有品牌、来路不明、质量难以保障的农产品占据着市场主导地位，总体表现为市场竞争力弱、客户忠诚度低、生产效益差。广大企业虽然热衷于创建品牌，但是没有清晰的品牌定位及有效的市场营销，无法提升产品特质、供应链效率和市场占有率。因此，清晰的品牌定位是当下蔬菜产业开展一系列品牌运营事务的前提和起点。而要有清晰的品牌定位，就要探究当地蔬菜产业具有哪些核心优势，然后通过深入系统的梳理和分析，找到对自身品牌培育最有利的关键点；同时了解并掌握市场的行情、行业的竞争态势及同品类的品牌策略；最后通过清晰的品牌定位，总结出蔬菜品牌的发展愿景和阶段目标。

2. 科学的产品规划

产品是品牌竞争力的核心要素。蔬菜是大宗日常消费品，产品涉及各类消费群体，因此，如何因地制宜构建有竞争力的产品线，形成科学的产品系列组合显得极为重要。挖掘产地的传统蔬菜品种特色资源，结合现代蔬菜种业发展方向，对适合生产区域的品种进行遴选，构成拳头产品＋常规产品的科学组合，使蔬菜品牌发挥最强的竞争优势和取得最大的市场效益。

3. 精准的价值诉求

无论是产品层面还是品牌层面，价值诉求都非常重要。在品牌运营中，客户或消费者不会无缘无故和莫名其妙地采购和消费。他们每一次采购和消费农产品的背后，都有非常清晰的目的性。要么是为了满足基本的功能性需要（质量安全），要么是为了满足精神价值的需要（高品质、档次感）。因此，蔬菜品牌的价值诉求，实质上就是用客观、确凿、精准的表达方式向消费者传递为品牌买单的充分理由。通俗地讲，就是要向消费者讲明白这个品牌的蔬菜产品与其他品牌产品的差异何在，以及如何将这个差异做到标准化。

4. 广泛的品牌认知

采购商、消费者对于陌生的产品或品牌，会本能地产生不信任或抵触的感觉。他们担心品质问题、关心服务问题、质疑价格问题。而拥有知名度和公信力的品牌产品，正是消除消费者内心担忧最有力的保障。因此，全新塑造的蔬菜品牌需要挖掘总结自身的品牌特质，从品牌形象、品牌标准、品牌实力等方面充分展现品牌核心价值，设计出吸引眼球的宣传材料，配合营销渠道导入市场，让采购商、消费者全面认识区域公用品牌。

一、广东荔枝

荔枝是最负盛名的岭南佳果，其果肉甘美鲜甜，令人回味无穷。在中国南方的广东，荔枝有近 3 000 年的栽培历史和文化积淀，品种、品系琳琅满目，经过自然进化、人工驯化和选择栽培，形成了许多沿袭几百年名称的著名优良品种，白糖罂、挂绿、桂味、糯米糍、怀枝等一大批传统品种，更是成为"广东荔枝"最响亮的名片。

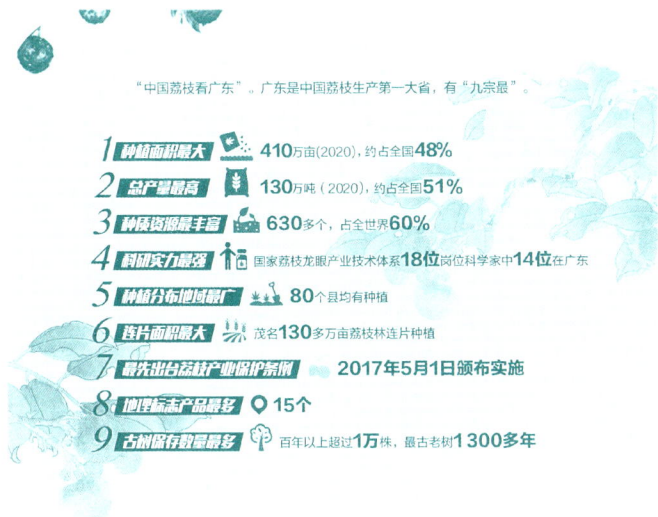

"中国荔枝看广东"。广东是中国荔枝生产第一大省，有"九宗最"。

1 种植面积最大　410万亩(2020)，约占全国**48%**

2 总产量最高　130万吨(2020)，约占全国**51%**

3 种质资源最丰富　630多个，占全世界**60%**

4 科研实力最强　国家荔枝龙眼产业技术体系**18位**岗位科学家中**14位**在广东

5 种植分布地域最广　**80**个县均有种植

6 连片面积最大　茂名**130**多万亩荔枝林连片种植

7 最先出台荔枝产业保护条例　**2017年5月1日**颁布实施

8 地理标志产品最多　**15**个

9 古树保存数量最多　百年以上超过**1万**株，最古老树**1300**多年

广东荔枝"九宗最"

数据来源：广东统计年鉴、国家荔枝龙眼产业技术体系、智研咨询。

广东荔枝种植面积全国第一，产量占全国 50% 以上，带动从业人员超过 180 万人，已成为广东省富民兴村的重要产业。从 2020 年以来，在广东省农业农村厅的主导和推动下，"广东荔枝"省级区域公用品牌培育和推介工作正式启动。广东省农业农村厅在荔枝上市季到来之前印发营销工作方案，并联合财政、商务、海关、贸促、外事、金融、保险、航空、电商、物流、协会、媒体等各方力量，以"广东荔枝"区域公用品牌为抓手，带动广东荔枝产业转型升级，提升广东荔枝产业的市场竞争力。

2021 年，广东荔枝投产面积 394.93 万亩，产量 147.31 万吨，相比 2020 年的 130 万吨增长 13.3%，产量创历史新高。在新冠疫情内外交织、贸易内外夹击等不利因素影响下，连续两年丰产的广

东荔枝产业迎难而上，有关部门奋力打好荔枝产业、市场、科技、文化"四张牌"，并按照"一个优势产业、一套标准体系；一个公用品牌、一套名录管理办法；一批核心企业、一系列品牌产品"的发展思路，通过采取"12221"等一系列品牌营销举措，实现影响力"破局"出圈，销售上逆势飘红。

在广东省级农业部门牵头启动的品牌"造势"背景下，新农财团队积极参与"广东荔枝"品牌营销工作，利用自身的品牌市场化运营经验努力"造市"，推动"广东荔枝"品牌拓展商超、大型国企、机关单位等一批中高端消费渠道，在助力广东荔枝实现优质优价方面打造了一批典型案例。

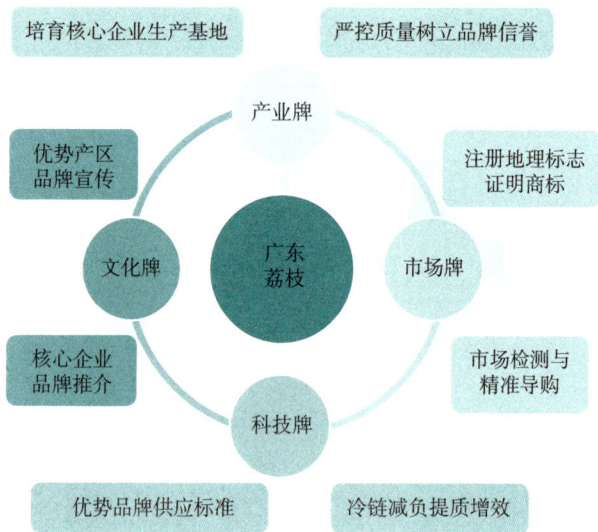

"广东荔枝"品牌运营模式

（一）品牌故事

广东荔枝文化资源丰富，是最能彰显岭南文化的代表之一。古往今来，描绘广东荔枝的诗词歌赋很多。关于荔枝的历史典故不胜枚举，唐代杜甫、白居易，宋代苏轼、陆游等，都留下了赞扬荔枝并借此歌颂祖国河山的佳句。从古至今，最脍炙人口的诗句莫过于杜牧的"一骑红尘妃子笑，无人知是荔枝来"，以及苏轼的"罗浮山下四时春，卢橘杨梅次第新，日啖荔枝三百颗，不辞长作岭南人"（罗浮山在广东惠州）。清道光年间，广州荔湾唐荔园落成，文人雅士结社征诗，仅咏荔诗就有一千多首。清代两广总督阮元有诗曰："新歌初谱荔枝香，岂独杨妃带笑尝；应是殿前高力士，最将风味念家乡。"

茂名是全国最大的荔枝生产基地、广东荔枝第一主产区，种植面积超过 130 万亩，约占全世界种植面积的 20%，其中以高州市、电白区最为集中。高州市根子镇贡园距今已有 2 000 多年的历史，是目前全国面积最大、历史最悠久、保存最完好、老荔枝树最多、品种最齐全的古荔园之一，又被称为"荔枝博物馆"。在高州市泗水镇和分界镇，电白区霞洞镇和羊角镇，惠州市镇隆镇和河源市古竹镇等地，都发现了树龄在百年以上的古荔枝树群，许多树龄甚至在 500 年以上。广东全省百年以上的古荔枝树超过 1 万株。夏天的广东，是享受荔枝美味的季节。汕头、河源、梅州、汕尾、阳江、湛江、潮州、揭阳、云浮等地都有产出荔枝，年产量 1 万～14 万吨不等，茂名荔枝的年产量则高达 52 万吨。

时至今日，荔枝成了广东单一水果种植面积最大、发展潜力最足、品种特色最鲜明、区域优势最明显的经济水果，并形成了"世界荔枝看广东"的行业地位。全省拥有 600 多份荔枝种质资源，占全世界的 60%；栽培面积 10 万亩以上的地级市有 9 个，面积 1.5 万亩以上的县有 47 个，形成粤西早中熟荔枝、粤东中迟熟荔枝和珠三角晚熟荔枝 3 个区域特色鲜明的集中优势区。

一直以来，广东省各级政府部门都非常重视荔枝产业的发展，各地品牌创建热情不断高涨。特别是 2017 年出台的《广东省荔枝产业保护条例》，涵盖广东省行政区域内荔枝种质资源保护、种植、储藏、运输、加工、销售、品牌保护等方方面面，使广东荔枝产业的发展从此"有章可循，有法可依"。目前，广东的荔枝产业已经有 15 个地理标志保护产品，分别是"惠来荔枝""罗浮山荔枝""东莞荔枝""南山荔枝""钱岗糯米糍荔枝""增城荔枝""增城挂绿""茂名白糖罂荔枝""高州荔枝""阳东双肩玉荷包荔枝""新兴香荔""庞寨黑叶荔枝""萝岗糯米糍荔枝""镇隆荔枝""黄田荔枝"，形成了 14 个县（市、区）区域公用品牌和 4 个特色农产品优势区。

从 2019 年起，广东省启动荔枝"12221"市场营销行动，包括建设一个荔枝全产业链数据平台，组建采购商和经纪人两支队伍，建设产地和销区两个市场平台，策划采购商联盟走进荔枝产区及荔枝产品走进销区市场两类活动，实现打造品牌、扩大销量、市场引导、推广良种、果农增收等一揽子目标。按照"12221"行动计划，政府、企业、科研单位等部门通过统筹好品牌建设、文化赋能、创意设计及宣传推介等全渠道资源，合力打造"广东荔枝"区域公用品牌。2020 年，"广东荔枝"区域公用品牌产品供应标准正式发布，用于指导确定品牌产品规格、产品检测流程和供应示范基地遴选等品牌供应链全过程。

近年来，广东各荔枝主产区纷纷行动，树"荔"大品牌，创"荔"大市场。茂名加大"茂名荔枝"区域公用品牌 logo 的推广使用力度，择优授权 3 批共 51 家企业使用。高州、阳西等地相继发布区域公用品牌。惠来以网络节＋云展会模式，大力推广包括"惠来荔枝"在内的"惠来五宝"品牌。惠州（镇隆）举办东坡荔枝文化节，借助苏东坡典故，力推"东坡荔"品牌。深圳举办黄田荔枝品牌文化节、南山荔枝主题推广月系列活动……形成以区域公用品牌、企业品牌、特色农产品品牌为核心的广东荔枝品牌发展格局。

荔枝文化节

在强大的营销推动和品牌引领下，妃子笑、桂味、糯米糍、仙进奉、井岗红糯等一系列风姿各异的岭南佳荔，随着一个个隽永的名字被全球消费者熟知，广东正以荔枝产业"小切口"推动农业产业"大变化"。

（二）品牌形象

为提升"广东荔枝"品牌形象，有必要设计"广东荔枝"品牌标识，完善品牌视觉体系，打造独具特色、生动形象的农产品区域公用品牌。

1. "广东荔枝"品牌标识

"广东荔枝"品牌标识以工笔画荔枝插画为主体造型，体现"广东荔枝"的文化内涵，勋章化的造型传达区域品牌的权威感。标识可以灵活适用于各种物料载体，整体风格年轻而鲜活，象征"广东荔枝"走向世界，表达健康与美丽生态的品牌理念。

"广东荔枝"品牌 logo

2. "广东荔枝"品牌包装

"广东荔枝"品牌包装设计提取最具广东岭南特色的建筑镬耳

屋（具"独占鳌头"之意）元素，
结合荔枝手绘插画设计而成。为了
与市场上的普通荔枝包装形成区别，
采用果绿色作为背景色，与荔枝果
皮的红色形成冷暖强对比，突显荔
枝为主角，以此达到万绿丛中一点

"广东荔枝"品牌包装

红的效果。荔枝插画部分采用 UV
工艺，主标题字采用烫金工艺，以此提升包装的整体品质感。

除了外包装，还专门设计了"广东荔枝"内包装袋及品牌标
签。内包装袋规格为 500 克装。

"广东荔枝"区域公用品牌产品

生产基地：茂名高州沙田桑马荔枝基地
供 应 商：广州新农财数据科技股份有限公司
产品品牌：马头牌
品　　种：桂味
等　　级：特级果
登记批号：Q012020052
储存方法：3～8℃
投诉电话：4000330890

"广东荔枝"特级果内包装及标签样式

（三）品牌营销与传播

广东荔枝甘甜爽脆、鲜嫩多汁，味道之美令人难以忘怀。但因为不耐储藏的特性，曾使荔枝在冷链物流不太发达的年代一度遭遇卖难的困境。近年来，随着现代物流业飞速发展，广东荔枝的市场版图不断扩大，不过农产品向来存在"丰产不丰收、减产必减收"的怪圈，要让广东荔枝实现丰产有价、优质优价，唯有不断提升品牌知名度，强化营销力度，使广东荔枝"破局"出圈。

近年来，为提升"广东荔枝"品牌知名度，在广东省农业农村厅以及各级政府部门的推动下，广东荔枝产业持续行动，屡获佳绩，产销对接火热，品牌愈来愈响。

新农财立足自身优势，组织策划一系列市场营销推介活动，通过线上＋线下联动，严格按照"广东荔枝"品牌产品供应标准，拓展高端商超、大型国企、新零售等优质渠道，搭建广东荔枝网络销售推介专区，不断提升"广东荔枝"品牌知名度，实现优质优价。

1. "广东荔枝"品牌产品供应标准

2020 年，在广东省农业农村厅的指导和推动下，国家及广东荔枝龙眼产业技术体系、广东荔枝产业联盟、省内各产区核心生产企业、新零售企业、商超、快递物流企业等荔枝科研、生产、物流和销售全产业链三十家单位，集思广益，群策群力，制定并联合发布了《"广东荔枝"区域公用品牌产品供应标准》，涉及品牌产品规格、产品检测和供应寄递等整个荔枝供应链环节。

其中，产品质量标准根据各品种果皮颜色、个头大小、风味、糖度、单果重等规格进行分级，分为特级果、一级果、二级果，细分采收标准和操作方式，源于市场又高于市场。

广东荔枝 早熟品种

白糖罂

肉爽脆，味清甜，带蜜香

糖度（%）

单果重（克）

鲜食 制干 制罐

优良早熟品种，历史悠久。又名中华红，歪心形，果皮鲜红而薄，肉白蜡色，少汁，味清甜，带有蜜味。

上市时间：5月初至6月上旬
主要产地：茂名（高州、电白）

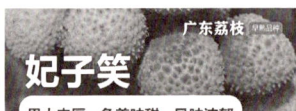

广东荔枝 早熟品种

妃子笑

果大肉厚、色美味甜，风味浓郁

糖度（%）

单果重（克）

鲜食

优良中早熟品种，最宜鲜食。果大肉厚，色泽鲜艳，果皮淡红薄绿，皮薄，果肉白蜡色，核小多汁，清甜微酸。

上市时间：5月中旬至6月上中旬
主要产地：湛江、茂名（化州、电白）、惠州、粤西（阳西）、惠州（惠东）

广东荔枝 中熟品种

桂味

肉厚鲜嫩，爽脆多汁，清甜带桂花香味

糖度（%）

单果重（克）

鲜食 制罐晒精

鲜食最佳品种，品质极佳。近圆球形，果皮鲜红，皮薄而脆，多数小核，肉色雪白，清甜爽脆。

上市时间：6月中下旬至7月上旬
主要产地：湛江（廉江）、茂名（高州）、广州（从化、增城）、惠州（博罗、惠阳、惠东）

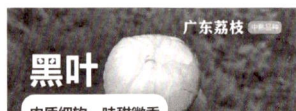

广东荔枝 中熟品种

黑叶

肉质细软，味甜微香

糖度（%）

单果重（克）

鲜食 制干 制罐

古老地方品种。又名乌叶，歪心形，果皮暗红色，皮薄而韧，肉黄蜡色，肉质软细滑，果小中等，风味清甜，微香。

上市时间：6月初至6月中下旬
主要产地：茂名（高州、电白）、云浮（郁南）、珠三角地区、惠州、惠来

广东荔枝 晚熟品种

糯米糍

肉厚鲜嫩，软滑多汁，味浓甜带糯米香

糖度（%）

单果重（克）

鲜食 制干 制罐

鲜食最佳品种，品质极佳。偏心形（偏扁），果皮鲜红，果肉乳白或黄蜡色，肉厚，细嫩多汁。

上市时间：6月中下旬至7月上旬
主要产地：广州（增城、从化）、东莞、惠州（惠东、惠阳、博罗）、汕尾

广东荔枝 晚熟品种

怀枝

肉软多汁，味清甜略带酸

糖度（%）

单果重（克）

鲜食 制干 制罐

又名禾枝、淮枝，近圆形或圆球形，皮厚而韧，暗红色，大核，果肉白蜡色，肉软多汁，味清甜。

上市时间：7月上中旬至8月
主要产地：广州（从化）、惠州（惠东）、陆丰

"广东荔枝"品种展示标准

2. 推出"广东荔枝"采购导图

广东荔枝遍布粤东、粤西及珠江三角洲地区的 80 多个县（市、

区），上市期从 5 月上旬持续到 7 月中旬，分为粤西早中熟荔枝、粤东中迟熟荔枝和珠三角晚熟荔枝 3 个区域特色显著的产业带。

为更清晰地掌握广东荔枝各产区的上市规律，新农财团队参与制定了广东荔枝采购导图。采购导图涵盖了广东荔枝各个产区的上市时间、品种以及产量等信息，旨在为广大采购商采购广东荔枝提供准确的指引。

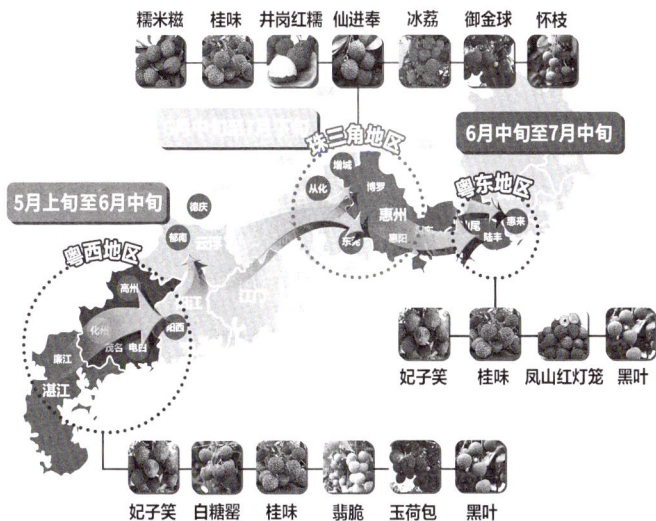

"广东荔枝"主流品种及上市时间

3. "广东荔枝"品牌营销

2020 年以来，广东荔枝在"12221"市场营销行动指引下，举办了国际网络荔枝节、"广东荔枝号"南航客机启航、"广东荔枝"登上广州塔和漂洋过海亮相美国纽约时报广场、"广东荔枝"红色之旅等一系列创意十足且社会效应显著的营销推广活动。

广东荔枝各主产区也持续推出"广东荔枝"品牌系列宣传推介活动，打响品牌口碑。广州市从化区推出"荔枝＋公益"，创建美荔庄园；徐闻县组织一园一直播、种植能手带货；廉江市牵手奥运

"广东荔枝"品牌推广

冠军，带火家乡荔枝；高州市成立荔枝采购商服务中心，为采购商提供免费住宿等服务，并借势粤陕合作，推动"荔枝北上、苹果南下"；茂名市通过文化赋能，全民直播打造"千年荔乡"系列活动，推动线上卖、国外销……

在全省各地的努力下，广东的夏天成了名闻全球的"荔枝季"。新农财团队也策划实施了一系列市场化品牌营销活动，专注于中高端渠道的拓展，让品牌产品实现优质优价，为"广东荔枝"品牌培育添砖加瓦。

（1）"广东荔枝"速达广物汽贸。2020年6月13日，"广东荔枝"速达广物汽贸车尾厢工程专场活动成功举行，生动地演绎了"广东荔枝"从基地到消费端的超高效率，将区域公用品牌农产品与市民消费通过车尾厢连接到了一起，广受车主消费者欢迎。按照《"广东荔枝"区域公用品牌产品供应标准》供应的特级妃子笑荔枝售价高达48元/千克，凌晨从果园摘下，最快12小时内即可送到消费者手中。

"广东荔枝"速达广物汽贸车尾厢工程专场活动

（2）"广东荔枝"进驻盒马鲜生。在如何卖好广东荔枝这个问题上，传统产业与现代新零售再次擦出创新火花。2020年6月，来自茂名、广州、湛江等地的优质荔枝在全国23个城市250多家盒马鲜生门店及线上商城上架，涵盖白糖罂、妃子笑、桂味、糯米糍等优质品种，每千克荔枝价格40～68元不等。当年，广东荔枝一上市，盒马鲜生门店的荔枝销量就实现了40％以上的增长，吸引了一大批年轻消费者关注购买。

"广东荔枝"进驻盒马鲜生

（3）"广东荔枝"空运到沪。"广东荔枝"桂味品种在上海市场反响热烈，受到知名美食博主"日食记"力推，茂名高州荔枝基地按照"广东荔枝"区域公用品牌产品供应标准严选装车，顺丰物流专车从地头送至机场空运到沪，2.5千克装的电商零售价高达198元仍供不应求。

（4）"广东荔枝"进驻高端超市。作为华润万家零售集团旗下的高端超市品牌、国内最高端的精品超市Ole'对"广东荔枝"持续加大采购，辐射粤港澳大湾区高端商圈。2020年5月，进驻Ole'精品超市的桂味荔枝，产自茂名高州，上市时间

在今年市场桂味整体收成较为一般的情况下，这产量和品质非常难得，因此直接被某高端连锁生鲜超市相中，全国供货。

清晨采摘，当日□□空运发出。

所有桂味荔枝，会在清晨之前完成采摘、去除大枝、分拣大小、称重打包等步骤，□□空运发出，以保证当日的荔枝是最新鲜的。

知名美食博主"日食记"力推广东桂味荔枝

早，品质一流，符合"广东荔枝"特级果标准，极具市场竞争力，零售价高达158元/千克。

"广东荔枝"进驻Ole'精品超市

（5）"广东荔枝"获银联云闪付平台补贴推广。云闪付是中国银联打造的移动支付新品牌，目前累计用户突破4亿。2020年以来，来自茂名、阳江、惠州等地的优质荔枝按照《"广东荔枝"区域公用品牌产品供应标准》入驻中国银联的线上商城云闪付平台。银联云闪付平台拿出巨额补贴推广"广东荔枝"，用户在云闪付平台下单购买，可享受最高15元的减免优惠。

云闪付平台推广"广东荔枝"

（6）"广东荔枝"牵手苏宁易购卖往全国。广东荔枝，颗颗好吃。2021年5月，广东荔枝优质渠道再扩容，来自广东十大荔枝种植匠果园的精品荔枝按照《"广东荔枝"区域公用品牌产品供应标准》进入苏宁易购渠道，面向全国6亿苏宁易购会员开启为期2个月的广东荔枝季销售，将优质广东荔枝通过苏宁易购渠道卖往全国。该推广活动还发布了广东荔枝美味地图，科普广东荔枝区域品牌、品种分布、上市时间和选购方法等知识。

"广东荔枝"牵手苏宁易购

（7）1 000 箱特级广东妃子笑，全程冷链直发西安 2022 年 5 月 28 日，新一年广东荔枝季开启，首批符合《"广东荔枝"区域公用品牌产品供应标准》的特级妃子笑，由广东茂名高州发出，全程冷链直供西安高端社区。由于 2022 年广东荔枝上市期较往年总体推迟 15 天以上，早市优质果有限，为确保品质，这批优质荔枝由高州马头基地供应，共计 1 000 箱，新农财团队现场负责品控，全程冷链物流，24 小时内送达西安消费者手上。

4. "广东荔枝"全方位宣传矩阵

近年来，广东荔枝的系列精彩营销行动吸引了媒体圈的海量流量。仅 2021 年，人民日报社、新华社、人民网、新华网、光明网、新华每日电讯等中央媒体及省市各级主流媒体、自媒体聚焦广东荔枝营销，联动发布广东荔枝专题或专版 40 多个，稿件 500 余篇，"广东荔枝"品牌上新闻联播、上广州塔、上高铁、上邮轮，形成"海陆空"全方位宣传矩阵。广东荔枝上热搜 20 次，浏览量超过 30 亿人次，登上了北美、欧洲、东南亚、中东地区十大城市的地标大屏，实现全球范围内"同屏共振"。依托新华社海外 182 个分支机构优势，发挥国家级通讯社多语种、多层次的传播资源优势，做优做强广东荔枝国际传播。广东荔枝相关稿件在美国、德国、澳大利亚、阿拉伯联合酋长国等多个国家广泛传播，浏览量超过 4.3 亿人次。

"广东荔枝"宣传热度高涨

"广东荔枝"登上央视新闻联播

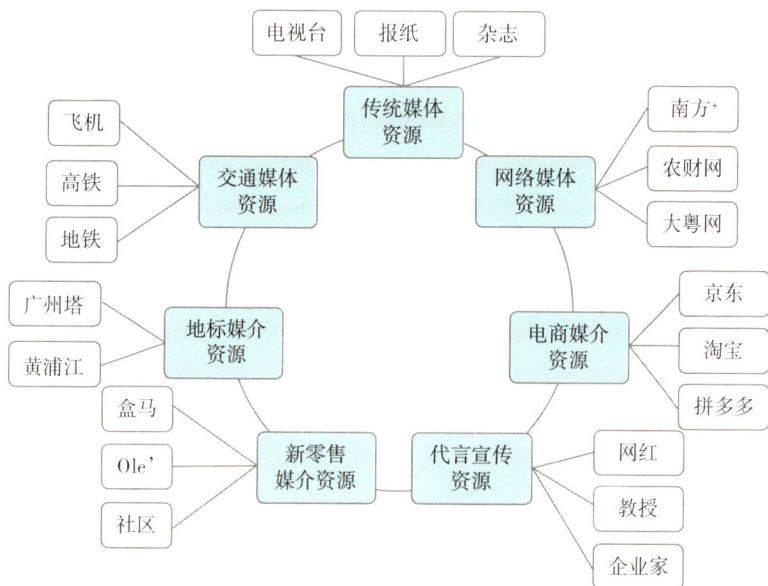

"广东荔枝"宣传资源矩阵

实战小结

多维度赋能提升品牌附加值

一是立足"九宗最"。荔枝可谓广东最具特色的农产品，不但面积大，产量高，而且历史长，品种多。这既为荔枝区域公用品牌的培育奠定了雄厚基础，又让更多的从业者能够分享品牌附加值。这"九宗最"，是广东荔枝品牌培育工作的最大壁垒，也是其他地方荔枝产业所无法超越的。

二是打好"四张牌"。广东在全国率先提出并实施产业、市场、科技、文化四轮驱动的品牌营销模式，这四张牌脱胎于"九宗最"，但又面向市场做了大量能增加消费者对广东荔枝品牌认知的工作，成效显著。

三是覆盖海陆空。开通广东荔枝号飞机、高铁，上广州塔、下黄浦江游轮，登陆北美、欧洲、中东、东南亚十大城市的地标屏，广东荔枝对全球有代表性的物理空间覆盖可谓360°无死角，从这个意义来说它是超前的，因此取得的品牌培育成绩也是空前的。

二、广东菠萝

菠萝是世界上仅次于香蕉和杧果的第三大热带水果。我国是世界十大菠萝主产国之一，种植面积约 105 万亩，居世界第四位，产量约 200 万吨，居世界第五位。

广东是中国最大的菠萝产区，年产量超过 100 万吨，占全国总产量的 60% 以上。在广东菠萝版图中，以湛江（徐闻、雷州）最为集中，种植面积和产量均占全省 80% 以上，其余则分布在广东揭阳、汕尾等粤东地区及珠江三角洲地区。品种方面，粤东地区以夏秋季上市的沙捞越等质优、较耐寒品种为主，雷州半岛以巴厘、金钻等春季收获品种为主，中部以夏秋季收获的粤脆菠萝为主。

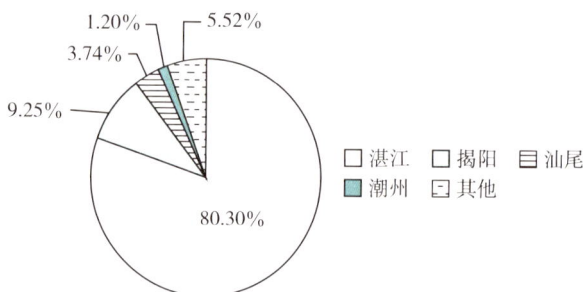

广东省各地菠萝种植面积占比

从 2019 年开始，在广东省农业农村厅的引导和推动下，广东菠萝最大主产区徐闻菠萝率先探索实施"12221"市场营销行动（即推出一个菠萝大数据，以大数据指导生产引领销售；组建销区采购商和培养产区经纪人两支队伍；拓展销区和产区两大市场；策划采购商走进徐闻和徐闻菠萝走进大市场两场活动；实现品牌打造、销量提升、市场引导、品种改良、农民致富等一揽子目标），取得了明显成效，大大缓解了以往徐闻菠萝屡生产屡滞销的困境。

近年来，新农财团队积极参与"广东菠萝"区域公用品牌的营销推广，结合广东菠萝产业优势、品质特征、地方特色以及岭南农耕文化，举办线上+线下的品牌营销推介活动，打造产品推介+渠道推广+电商营销的农产品整合营销模式，努力提升"广东菠萝"品牌知名度，拓展了一批中高端销售渠道。

（一）品牌故事

菠萝是岭南四大佳果之一。广东菠萝以香、脆、甜闻名，其果实饱满，上下均匀，呈圆筒形，果肉为浅黄色或金黄色，肉脆、纤维少，果心小，香味浓郁适中，甜酸适中，在湛江、中山、肇庆、汕尾多地均有量产，其中尤以地处湛江的徐闻菠萝规模最大，知名度最高，有"中国菠萝看广东，广东菠萝看徐闻"之称。

徐闻菠萝产区

徐闻菠萝产量约占全国的 40%，全国每三个菠萝就有一个来自徐闻。在徐闻菠萝集中种植的曲界镇，丘陵山坡上的菠萝园曲线优美、舒缓起伏，田园一年四季色彩斑斓，与散落其间的村庄、巨大的白色风力发电机，共同构成了一幅独具魅力的热带生态农业景观。每年的三四月份，亿万株菠萝汇成一片"绿海"，无边无际，"绿海"中"金鳞"隐现，蔚然大观。著名经济学家厉以宁教授见到如此壮观的菠萝景观，不禁脱口而出了一个雅致的名字——菠萝的海。从此，"菠萝的海"就成了徐闻一个美丽而浪漫的雅号，逐渐传播开来。

据记载，徐闻菠萝是归国华侨倪国良在 1926 年从南洋引进的。1921 年，倪国良迫于生计到南洋谋生，进入马来西亚一个同乡经营的种植园中工作。在同乡老板的指导下，他学会了种植菠萝的方法，并在短短数年内成为当地种植菠萝的行家。五年后，有了一些积蓄的倪国良返回家乡徐闻县龙塘乡北平村，并带回了少许菠萝种苗在家乡试种。当时他带回的菠萝品种叫"巴厘"，如今巴厘已成为徐闻菠萝种植规模最大的品种。

一开始，倪国良在曲界愚公楼水尾桥附近试种，他发现这些巴厘品种的生长速度比较快，种出来的菠萝品质也与新加坡和马来西亚等地的比较接近。试种成功后，倪国良又在现在的徐闻县龙塘镇大小埚村、深井村及曲界镇愚公楼村、顶岭村等地推广试种。由于菠萝果汁多，香味浓，清甜可口，适合鲜食，在天气炎热的徐闻地区深受群众喜爱，随后附近村民纷纷效仿种植，最终形成当今徐闻的"菠萝的海"，也是著名的"愚公楼菠萝"的由来。

从徐闻愚公楼开始，菠萝产业就此起步，菠萝种植范围逐步扩展到雷州半岛、海南、广西北海等地，中国也成为当今世界菠萝十大主产国之一，其中广东菠萝占据了中国菠萝版图中 60% 以上的份额。

然而，在很长一段时间里，广东菠萝的品牌影响力一直偏弱，知名度远远不及台湾凤梨、菲律宾金菠萝等品种。近年来，区域公用品牌培育得到各级政府和产业界的高度重视，不过各地的普遍做法大多是取个"地域＋品名"的名字，并没有升华为具有强劲市场张力和足够商业价值的区域公用品牌，旗下也缺乏企业子品牌矩阵进行有力支撑。

由于缺乏品牌知名度，加上品种结构单一、生产经营落后、加工链条较短等问题，广东菠萝产业特别是徐闻菠萝曾一度陷入结构性滞销的局面。自 2019 年以来，在广东省农业农村厅的推动下，徐闻菠萝加强市场体系建设，在拓展流通渠道、打通加工链条、强化品牌形象等方面多管齐下，积极实践"12221"市场营销行动，力求解决"卖难"问题。近三年来，广东菠萝产供销对接顺畅，价格坚挺，区域品牌打造成效十分明显。2019 年 9 月 4 日，农业农村部正式批准对"徐闻菠萝"实施农产品地理标志登记保护。目前广东菠萝已具有国家地理标志保护产品 3 个（愚公楼菠萝、神湾菠萝、徐闻菠萝），全国名特优新农产品 2 个（徐闻菠萝、神湾菠萝）。

如今，广东菠萝除了鲜果以外，还逐渐发展出菠萝干、菠萝罐头、菠萝乳酸饮品等精深加工产品，共同组成了广东菠萝的经济产品矩阵。另外，从菠萝中提取的菠萝蛋白酶，在医学、保健品、美容等行业中具有广泛的应用前景。

（二）品牌形象

在各级农业部门的推动下，"广东菠萝"的品牌标识、包装、规格等品牌视觉体系逐步形成规范，有力提升了"广东菠萝"区域公用品牌形象。

1．"广东菠萝"品牌标识

"广东菠萝"标识以工笔画菠萝插画为主体造型，配搭金黄色勾画出"广东菠萝"物象构型，勋章化的整体造型体现区域公用品牌的权威感。标识简约大气，风格年轻而鲜活，象征"广东菠萝"走向世界，表达健康与美丽生态的品牌理念。

"广东菠萝"品牌 logo

"徐闻菠萝"区域公用品牌logo 的中心图形为菠萝的抽象图形，上部为菠萝叶，下部由一片片的红土菠萝田构成菠萝主体，主体颜色采用鲜绿色和橙色，象征安全、健康、新鲜、快乐、活力。图形整体简洁扁平化，易于记忆及媒体传播。

"徐闻菠萝"品牌 logo

2．广东菠萝品牌包装

"广东菠萝"品牌包装设计思路充分体现岭南风格，以提取最具广东岭南特色的建筑镬耳屋（具"独占鳌头"之意）元素，结合菠萝手绘插画设计而成。包装采用蓝色作为背景配色，有考虑广东菠萝主要产自湛江蔚蓝色的大海边之意，同时蓝色与菠萝金黄色形成色彩强对比，画面醒目地突出菠萝为主角的视觉效果。菠萝插画部分采用UV工艺，主标题字采用烫金工艺，提升包装的整体品质感。

"广东菠萝"品牌包装

　　除了外包装，还设计了"广东菠萝"品牌产品等级标签，供符合品牌产品供应标准的企业使用。

"广东菠萝"品牌产品标签

（三）品牌营销与传播

　　2019年以来，广东菠萝以"12221"市场营销行动为抓手，抓住产销市场，畅通流通渠道，大动作不断。"每3个中国菠萝就有1个来自徐闻""广东徐闻菠萝大量上市""直播广东菠萝丰收"等话题持续登上各网络平台热搜榜，"广东菠萝广场"在全国各大中心城市落户形成"连锁"展销中心，"徐闻菠萝"高铁专列横跨北京、上海、广东等14个省份，广东菠萝主题曲《菠萝的海》上线国内外各大音乐平台，百名网红千名主播菠萝的海直播带货……一系列创意十足的精彩营销活动，大幅提升了广东菠萝的市场知名度，使广东菠萝一跃成为春季的"顶流"水果。

　　在强大的营销攻势下，采购商们纷至沓来，产销对接火热，广东菠萝不但拓宽了国内市场，还漂洋过海，出口 RCEP（区域全面经济伙伴关系协定）成员，亮相欧美市场。菠萝卖成了"爆款"，也带动了农民增收。2020 年，菠萝主产地曲界镇仅邮政银行农户存款余额就高达 12.56 亿元，同比增长 2.65 亿元，增长率 26.68%，在新冠疫情肆虐下打赢了一场菠萝销售逆转战。

"广东菠萝"品牌系列推广现场

1. "广东菠萝"品牌产品供应标准

为使"广东菠萝"品牌产品的品质标准直观化，提升品牌营销效果，助力中高端渠道拓展，新农财团队在菠萝产业专家的指导下，参与制定了"广东菠萝"品牌产品供应标准。其中，产品质量标准根据各品种果皮颜色、个头大小、风味、糖度、单果重等规格进行展示分级。

2. "广东菠萝"品牌营销

（1）"广东菠萝"进驻知名商超 2021 年 3 月 23 日，"广东菠萝甜蜜中国行"首站在广州胜佳超市应元店开启，全市 78 家门店

"广东菠萝"品种展示标准

巴厘菠萝	金钻凤梨
广东菠萝	广东菠萝
酸甜适度,肉质细腻,口感爽脆	甜重多汁,肉质鲜嫩,口感柔软

巴厘菠萝:酸甜适度,肉质细腻,口感爽脆
糖度(%):17 18 19 20 21
单果重(千克):0.1 0.5 1.0 1.5 2.0
果实中等大小,果眼稍突出,果形矮胖,果肉橙黄色,水分适中,肉质细腻,口感爽脆,纤维少,酸甜适度,香味浓郁,品质上等,是鲜食早熟品种。
上市时期:1月上旬至5月中旬
主产区:湛江徐闻

金钻凤梨:甜重多汁,肉质鲜嫩,口感柔软
糖度(%):17 18 19 20 21
单果重(千克):0.1 0.5 1.0 1.5 2.0
果实较大,果眼没有嵌进肉里的刺齿,果形终长,果肉金黄色,水分多,肉质鲜嫩柔软,无渣,甜重多汁,清甜味香,品质上等,食用方便。
上市时期:4月上旬至7月中旬
主产区:湛江

全面上架优质徐闻菠萝。徐闻菠萝一上货架,就吸引了众多消费者前来选购。活动现场,呈现了菠萝沙拉、酱油菠萝、酸梅菠萝等多种花式吃法,开展了抽奖免费送菠萝等游戏活动。活动还邀请菠萝种植专业户和采购商来到现场,针对如

"广东菠萝"进驻商超

何挑选优质菠萝、区分菠萝品种、判断菠萝成熟度等问题与市民互动,使得市民购买热情大增,直呼"买了买了"!

(2)"广东菠萝"进驻苏宁易购"418"营销大推介。2021年4月18日,来自徐闻的巴厘菠萝和金钻凤梨上架苏宁易购网购平台"418"购物节,同步在广州苏宁易购达镖店举办线下品评活动,吸引了附近商业楼群、社区、高校等大批中高端消费人群参加。活动中,按照"广东菠萝"品牌产品供应标准,在苏宁易购上架的巴厘

菠萝售价为 12 元/千克，金钻凤梨售价为 25.2 元/千克，均比普通菠萝市场售价高出约 1 倍。苏宁易购为大力推广"广东菠萝"品牌产品，推出了"418 实惠大放送"活动，对每件广东菠萝产品提供了 5～10 元不等的优惠补贴。

"广东菠萝"进驻苏宁易购

（3）"广东菠萝"走进机关食堂地推。2021 年 4 月 22 日，"广东菠萝"进机关食堂专场推介活动在广东省农业农村厅以"线上预热、线下品评、机关社区电商团购"的形式举办。来自徐闻的优质巴厘菠萝和金钻凤梨受到广大干部职工的高度好评，品尝后纷纷分享推广。活动还科普了菠萝产品知识以及优质菠萝的选购标准。

"广东菠萝"走进机关食堂

（4）"广东菠萝"获银联云闪付平台补贴推广。2021 年以来，来自徐闻的优质菠萝按照《"广东菠萝"区域公用品牌产品供应标准》成功上架中国银联线上商城云闪付平台，并获持续热销。特别是 2022 年春季，新冠疫情的再次暴发给农产品销售带来不小的冲击，但符合"广东菠萝"品牌产品特级果标准的徐闻菠萝，在比普通菠萝市场售价高出 1 倍的情况下，依然受到青睐，首批限量 1 000 份特级菠萝在 3 天内被抢购一空。

云闪付徐闻菠萝营销专场活动还得到中国银联总部的大力支持，被选为云闪付商城的策划活动"我的家乡味道｜一步一味"第一期产品，得到了云闪付平台首页轮播、生活页爆品抢购、生活页弹窗等珍贵的全国地区活动资源位支持以及补贴优惠。在强大的营销资源加持下，徐闻菠萝特级果一度卖到脱销。

云闪付徐闻菠萝营销专场活动

3. "广东菠萝"全方位宣传矩阵

近年来，广东菠萝的系列精彩营销行动吸引了媒体圈的海量流量。人民日报社、新华社、人民网、新华网、光明网、新华每日电讯、南方日报社等中央媒体及省市各级主流媒体、自媒体聚焦广东菠萝营销，联动发布广东菠萝专题或专版数十个，稿件 1 000 多篇，"广东菠萝"品牌上新闻联播、上高铁、上热搜，形成"海陆空"全方位宣传矩阵。"广东菠萝"形象亮相美国纽约时报广场，依托新华社海外分支机构，发挥国家级通讯社多语种、多层次的传播资源优势，做优做强广东菠萝国际传播。在强大的宣传资源加持下，广东菠萝成为名副其实的"顶流"水果，在各大网络平台的检索量超过 10 亿次。

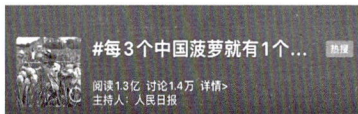

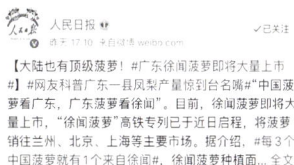

媒体专题报道"广东菠萝"

4. "广东菠萝"品牌产品溢价

近年来，随着品牌营销活动的持续推进，"广东菠萝"的品牌溢价效应非常明显。符合品牌产品供应标准的广东菠萝受到中高端优质渠道的欢迎和力推，根据市场渠道数据统计，徐闻巴厘菠萝品牌溢价超 35%，金钻凤梨品牌溢价超 100%。

实战小结

打造品牌试验田 拓展海外大市场

一是"12221"先行试验田。"12221"作为一套首先在广东生根、发芽、开花并结果的品牌培育方法，其第一块试验田落在了广东菠萝上，这也让广东菠萝天然地拥有了网红气质，获得了各种资源的加持，对它的脱颖而出起到了加速作用。

二是拓展海外市场。广东菠萝品牌是在三年新冠疫情防控期间异军突起的，但那 3 年的国内市场普遍不振，销售存在踏空的风险。但广东菠萝的销售工作反其道而行之，出口 RCEP 市场，亮相欧美国家，既赢了面子，又赚了外汇。

三是做好国际传播。产品出去了，传播必须及时跟上，甚至要以传播为先导。依托新华社的海外资源，发挥国家通讯社的多语种、多层次的传播资源优势，为广东菠萝拓展国外市场鸣锣开道，保驾护航。

三、连州水晶梨

连州水晶梨是广东北部山区连州市的特色水果。连州水晶梨从 1987 年开始引进和进行小规模推广种植，1993 年再从国内外引进多个优质沙梨系品种接穗，通过试验选育出了早结丰产、抗病力强、果肉洁白、口感清甜多汁、果肉自然放置

连州水晶梨

24 小时不变色的多个梨树优良品种，这些优良品种统称连州水晶梨。

连州水晶梨经过多年的产业发展，种植面积、产量、品质不断

提升。在连州市政府以及农业部门的努力下，连州水晶梨先后获评国家农产品地理标志保护产品、中国及广东省名特优新农产品等荣誉。目前，连州市水晶梨种植面积约 6 万亩，年产量达 8 万吨，是广东省最大的水晶梨生产基地、国家级水晶梨标准化示范县（市），其核心示范区获得农业农村部 A 级绿色食品认证，可以说连州是名副其实的中国水晶梨之乡。

连州水晶梨上市正值岭南盛夏。脆甜多汁的口感，使得连州水晶梨拥有"夏日清凉果""消暑神器"等美誉。这些通俗易懂的称谓也成为连州水晶梨最好的传播标语。

连州市在每年 7 月上旬水晶梨上市期间都会举办以"连州水晶梨节"为主题的系列推广活动。连州水晶梨节以节庆＋旅游的推介模式，结合连州独特的山水风光，使"连州水晶梨"的品牌知名度节节攀升。但总体而言，连州水晶梨在粤港澳大湾区等城市的品牌辨识度还不够高，无法形成强有力的指名购买力，"连州水晶梨"的品牌影响力尚需进一步提升。

从 2019 年以来，新农财开始承接"连州水晶梨"的品牌推介工作，连续策划了一系列亮点鲜明、传播力强的推广活动，在提升"连州水晶梨"品牌辨识度、拓展市场渠道等方面取得了较好的效果。

（一）品牌发展规划

规划"连州水晶梨"品牌发展路径，分解为定义产品、树立形象、定位市场、精选渠道、提升品牌等步骤，为后续具体工作提供精准指导。

（1）定义产品。连州水晶梨产自粤北高海拔山区，种植面积约 6 万亩，整体规模不大。连州秋冬季节昼夜温差大，种出来的水晶梨格外清甜、脆嫩、爽口、多汁，是名副其实的广东精品高山梨。

（2）树立形象。一直以来，连州水晶梨缺乏具体的品牌形象，需要设计 logo 和完善的 VI 体系等系列视觉展示内容，并制作成物料投入使用，突出品牌存在感，让消费者更好地感受"连州水晶梨"品质和感知"连州水晶梨"品牌。

（3）**定位市场** 聚焦粤港澳大湾区，以广州、深圳为核心城市，开发追求优质安全新鲜水果的高端用户群体作为目标消费者，在高端市场形成消费潮流。

（4）**精选渠道** 帮助连州水晶梨重点企业进入机关单位、企业集中采购客户名录，开发中高端商超酒店及高档社区团购等渠道，拓宽连州水晶梨销售市场。

（5）**提升品牌** 组织策划连州水晶梨进机关食堂、进五星级酒店品鉴推介等一系列品牌宣传推介活动，提升"连州水晶梨"品牌知名度，让更多消费者和销售渠道认可"连州水晶梨"品牌。

（二）品牌形象提升

品牌的培育升级是一套系统工程，它包含品牌形象提升、产品标准制定、品牌传播推广以及销售渠道体系构建等环节，要擦亮"连州水晶梨"品牌，就必须从这些方面着手。

首先就是为连州水晶梨提供品牌形象提升服务，设计"连州水晶梨"品牌标识，完善品牌视觉体系，设计制作周边产品，形成立体丰富的品牌形象。

（1）**"连州水晶梨"品牌 logo** 连州水晶梨面世多年，却一直没有辨识度较高的品牌 logo。2019 年连州水晶梨上市推介活动，亮点之一便是推出"连州水晶梨"品牌 logo。logo 以连州水晶梨外形为主体，融入连州水晶梨原产地潭岭天湖、巾峰山和连州标志性建筑慧光塔，形成独特的"连州水晶梨"品牌标识。

（2）**"连州水晶梨"品牌 VI 体系** 运用新的品牌 logo，设计"连州水晶梨"VI 体系，在产品包装箱、宣传手册、视频等方面应用，提升品牌形象。

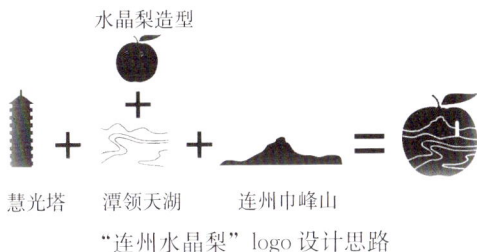

水晶梨造型

慧光塔　潭领天湖　连州巾峰山

"连州水晶梨"logo 设计思路

"连州水晶梨"品牌 logo

"连州水晶梨"品牌 VI 体系应用

（3）"连州水晶梨"品牌文创　联合设计机构举办连州水晶梨文创比赛，设计、开发、制作成一系列的周边产品，在连州水晶梨节、省级农博会等活动现场展示和推介，也可以让消费者选购。生动活泼的周边产品，便于推广连州水晶梨文化，利于传播"连州水晶梨"品牌。

（4）"连州水晶梨"绘本　联合专业机构开发制作"连州水晶梨"绘本，以故事的形式呈现"连州水晶梨"品牌文化，介绍连州水晶梨的产业发展历程、生长环境、生长过程和品质特点，让消费者带着小朋友一起学习农业科普知识，感受水晶梨生长的有趣历程，寓教于乐，助推"连州水晶梨"成为生动有趣的品牌。

（三）品牌传播

1. 创新推介模式，沉淀品牌印记

连州水晶梨文化节于 2014 年首次举办。在连州市政府的支持下，节庆内容不断丰富，近年来更是将水晶梨采摘展销与连州特色旅游资源结合起来，将连州水晶梨采摘旅游文化节办成区域性节会品牌和展洽交易平台，"连州水晶梨"品牌影响力逐年增强，成为带动连州乡村旅游和特色农业发展的重要名片。通过以文化节为主题的连州水晶梨产销对接会暨水晶梨采摘季乡村游推介活动，采用产业＋旅游等模式，连州水晶梨文化节逐步形成了有自己特色的品牌印记。

2019 年，由连州市水果技术推广总站主办，新农财承办的以"岭南梨乡美丽连州 消费扶贫共奔小康"为主题的 2019 连州水晶梨节发布会在广州举行。本次发布会推出了全新的"连州水晶梨"品牌 logo，系统介绍了 logo 的设计理念和应用场景；现场还推介了连州特色农产品，来自全国各地的 60 多家采购商与连州水晶梨生产企业、基地进行了产销对接。

连州水晶梨 logo 揭幕　　　　　连州特色农产品展示推介

2020 年，新农财团队再次创新推介方式及体验场景，将连州水晶梨"搬上"珠江游轮。以"珠江游情牵连州 水晶梨清凉一夏"为主题的 2020 年连州水晶梨采摘季发布会在美丽的珠江游轮上成功举行。"解暑神器"连州水晶梨与美丽的珠江夜景甜蜜相约，

广州炎热的夏夜也因连州水晶梨而变得凉爽舒适。

这是广东农产品品牌推介活动首次在游轮上结合珠江夜游的形式举办，开创了广东农产品品牌推介的新场景、新体验。

此次发布会，新农财团队以 VR（虚拟现实）全景展示的形式，推介了由连州市水晶梨行业协会公开评选出的六大"最美连州水晶梨生态果园"，将梨园的优美生态与各项营销功能相结合，有效地降低了营销成本，提升了消费者的购买体验感。现场观众在珠江夜游船上通过 LED 大屏幕及手机联网实时"游览"果园生态全景，还可以点击有关功能按钮深入了解各个水晶梨果园的品种、产量等信息，通过购买链接可以在 VR 上购买以及进行采购对接。

活动现场，来自全国各地的 60 多家采购商与连州水晶梨生产企业以及连州鹰嘴桃、西瓜等特色瓜果生产企业进行产销对接。

2020 年连州水晶梨采摘季发布会

2. 连续推介水晶梨，媒体大力报道

2019—2021 年，新农财连续 3 年承办连州水晶梨节活动，开

展有创新、有内容的"连州水晶梨"品牌营销推介工作，同时一系列品牌营销活动得到南方报业、《羊城晚报》和《广州日报》等媒体的宣传报道，进一步擦亮了"连州水晶梨"品牌，提升了"连州水晶梨"的品牌知名度。

媒体报道"连州水晶梨"品牌推介活动

（四）品牌营销

为提高连州水晶梨在终端市场中的认知，新农财联合社区电商、知名连锁商超等渠道，连续组织连州水晶梨企业走进机关食堂和社区，通过线上线下相结合的品评展销活动，拓宽了连州水晶梨的消费渠道，提高了品牌知名度。

连州水晶梨品鉴活动走进广东省农业农村厅食堂

近几年，受新冠疫情影响，新农财联合广东广播电视台经选商城等平台，举办线上品评产销对接会，以线上展示、直播品评等形式，向全国各地的生鲜采购商推介连州水晶梨，开展产销对接。同时，组织连州水晶梨核心企业入驻中国邮政极速鲜、苏宁易购、中国银联云闪付等知名渠道、电商平台进行销售。

连州水晶梨4.5斤装 脆甜多汁广东新鲜
现摘水果 [地址选广东时可发货广东]

连州水晶梨五斤装净重 多汁甜爽岭南现
摘水果

连州水晶梨入驻电商平台

在助推连州水晶梨销售方面，积极组织连州水晶梨企业走进珠江三角洲知名连锁生鲜超市，直接面向市民进行销售。在广州天河、黄埔、番禺、越秀等区，促成连州水晶梨企业与邮政生鲜、番薯藤、果瓣等知名生鲜零售门店合作，开展连州水晶梨品评与销售活动。

邮享微生活员村店

番薯藤汇景新城店

港湾社区店

果瓣番禺石基店

实 战 小 结

文化加持　创新推介

一是坚持办好文化节。连州水晶梨文化节从 2014 年开始，连续办了 10 年，而且一年比一年红火，这在县级层面是不多见的。相反，有太多的农产品品牌活动随着人事的更迭，或者产业本身的兴衰而发生中断，使好不容易积累起来的品牌影响力付诸东流。

二是首创游轮推介。水晶梨是消暑神器，而珠江游轮是消费者夏季游览兼纳凉的生活方式，两者的功能一致，调性相合，通过媒体放大影响后，使"连州水晶梨"的品牌形象得到了强化和提升。

三是终端专柜专卖。联合粤港澳大湾区的高端水果礼品店，采取产区直供的方式，在众多店面第一时间上架新一季的连州水晶梨，并以统一的品牌形象示人，让消费者及时体验新产品，在精心布置的场景中传递了"连州水晶梨"的品牌印象，树立了消暑第一水果的品牌定位。

四、新会陈皮

江门新会，通江达海、生态优美，是一片新会柑树生长的福地。新会柑皮油胞粒大、油室饱满，经开皮、晒制、陈化等炮制流程制成"新会陈皮"。新会陈皮是中国传统道地药材、"和药"之首、广东十大南药之一，且药食同源，食用历史悠久，有"百年陈皮，千年人参""粤菜的灵魂"等美誉。新会陈皮及其唯一原材料新会柑均为国家地理标志保护产品，是全国罕有的"一果双标志"产品。新会也被誉为"中国陈皮之乡"。

如今，新会陈皮产业已形成了生态、绿色、健康、富民的大产业格局，联农带农成效显著，入选全国乡村产业振兴典型案例，成为江门市乃至全国富民兴村的标杆产业。目前，新会区新会柑种植面积约14万亩，新会柑鲜果产量约15万吨，新会柑种植户近万户，新会陈皮产业商事主体约2 100家，已形成药、食、茶、健和文旅、金融等6大类35细类100余品种的系列产品规模，带动全区7万人就业，全产业链总产值达190亿元。

新会柑　　　　　　　　　　　新会陈皮

在产业高质量发展驱动以及新会陈皮品牌培育推广的牵引下，新会陈皮已成为新会区乃至江门市、广东省最具代表性的特色农业品牌，品牌价值和相关产品价格显著提升。2018年、2019年，新

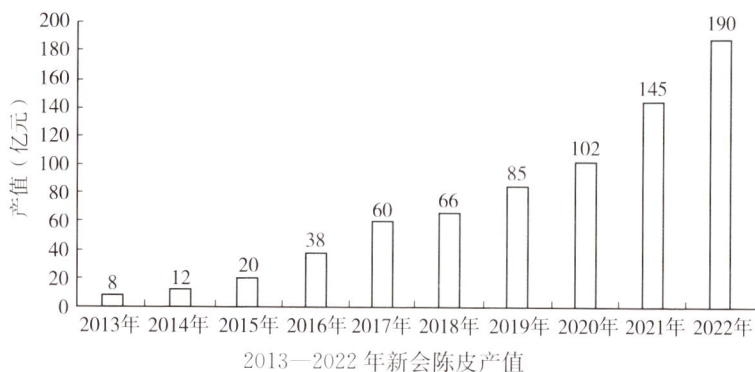

2013—2022 年新会陈皮产值

《新会陈皮产业高质量发展》白皮书发布会

会陈皮连续两年获得中国区域农业品牌影响力指数——区域农业产业品牌（中药材产业）第四，并在 2020 年、2021 年连续两年跃居该指数中药材产业榜首。2022 年，新会陈皮首次位居 2022 中国区域农业产业品牌影响力指数 TOP100 榜首，彰显出新会陈皮区域农业产业品牌持续做大做强的强劲势头。

为进一步强化品牌保护，新会区依托新会陈皮证明商标，以大数据、信息化赋能，于 2022 年建设新会陈皮数字化溯源管理系统，让消费者买到道地新会陈皮。目前，该溯源系统已采集了新会区 9 377 家新会柑种植户、面积 13.9 万亩新会柑种植地块和 2 092 家区内新会陈皮经营主体信息，系统固定全区 2022 年新会柑鲜果总

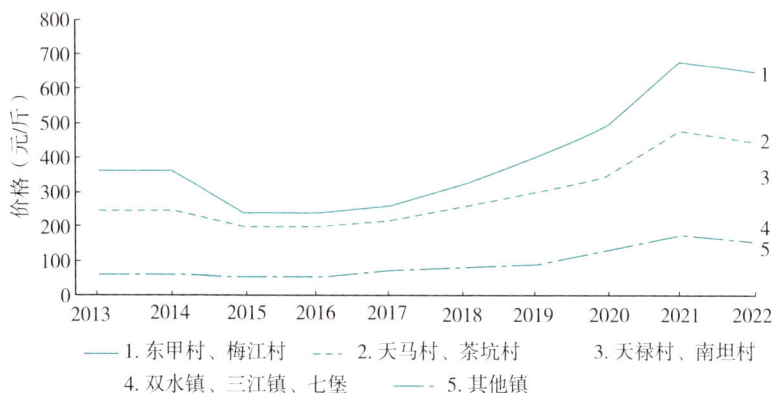

2013—2022 年新会陈皮价格走势

产量为 14.75 万吨，新会陈皮产量 7 350 多吨。截至 2023 年 3 月 15 日，累计通过系统账户交易比例为 76.93%。

（一）品牌故事

1. 新会陈皮产业传承发展

元代初期，新会柑橘生产已有明确记载，在外海（龙溪），仅陈氏一户便有"甘（柑）子田租十石"。元末明初新会诗人黎贞的诗集中有"尘外亭前橘柚肥"，可见新会柑种植历史悠久。

到中华民国时期，新会柑、新会陈皮产业达到发展高峰。1912年前后，新会会城有经营新会陈皮的专营店 30 间、兼营葵扇的商号五六间。它们集中于会城河以南贤洲街一带（今冈州大道中原贤洲路段），其中的一些大户还在上海等地开设批发店。这些大户祖上几代都是干这行的，其中以清乾隆年间开业的刘怡记（最初叫刘全记）生意较大，较为著名，而小户则在本地或广州卖货。当时，新会陈皮被运到上海、重庆、广州 3 个主要市场，然后转销到全国各地。抗日战争前，新会每年产新会陈皮量约 700 吨，仍未能满足全国各地需要。

新中国成立后，新会陈皮产业进入另一个高峰期。1954年，新会当地新会柑种植面积达到38万亩。随后多年，虽不同时期新会柑种植面积有所反复，但总体保持较大规模。

20世纪90年代，黄龙病大暴发，新会陈皮产业受到严重影响。1996年新会柑种植面积一度骤减至0.07万亩，1996年之后有所恢复。1999年黄龙病再次暴发导致新会柑再次减产，至2003年逐年恢复。

2. 新会陈皮现代农业产业体系建设

2002年，由果农发起，经新会区农业局和区工商联（总商会）推动，成立了新会陈皮行业协会，开始推动新会陈皮行业的生产、销售、科研和利益保护等综合性工作，新会陈皮产业逐步走向复兴和规范之路。将重点从原来卖鲜果逐步转向卖陈皮，从原来农作物、农副产品的售卖转向新会陈皮全链条商业价值的挖掘，推动新会柑种植标准化和新会陈皮产业化。

2006年，国家质量监督检验检疫总局批准对新会柑及新会陈皮实施地理标志产品保护，这两大农产品的产地范围及地理特征，产品的理化、感官等质量特色，产品的生产技术规范等均有了明确标准。2008年，"新会陈皮"经国家工商行政管理总局商标局核准注册为国家地理标志证明商标。

一果"双地标"

2011年，新会被中国药文化研究会命名为"中国陈皮之乡"和"中国陈皮道地药材产业之乡"。2013年，新会被中国药文化研究会授予"中国和药文化示范基地"。新会陈皮被广东十宝评选活动组委会评为"广东十件宝"之首，进一步打响了新会陈皮的品牌知名度。

2011 年，由新会区人民政府和中国药文化研究会联合主办的首届中国新会陈皮文化节举行。自 2011 年开始，新会每两年举办一届新会陈皮文化节。2015 年，第三届中国新会陈皮文化节新闻发布会在北京人民大会堂隆重举行，这是新会陈皮第一次走进人民大会堂，"小陈皮"迈上"大舞台"，加速构建"大产业"发展格局。

2017 年，新会陈皮现代农业产业园成功进入第二批国家现代农业产业园创建名单，新会区创建了大基地＋大加工＋大科技＋大融合＋大服务五位一体的现代农业产业园发展格局，推动新会陈皮产业链条不断延伸，三产深度融合发展，2019 年成功获农业农村部认定。

（二）品牌形象

"新会陈皮"地理标志证明商标于 2008 年 6 月 28 日注册（注册号：2024528），是江门市第一件地理标志商标，商标注册人为江门市新会区农学会，核定使用商品为陈皮。

"新会陈皮"原产地在东经 112°46′—113°15′、北纬 22°05′—22°35′，包括以银洲湖两岸冲积平原带为核心的新会境内潭江沿岸冲积平原带和南部滨海沉积平原新垦区，以及能利用潭江水灌溉，且坡度在 20°以下的山地和丘陵。

"新会陈皮"地理标志证明商标

（三）品牌营销与传播

新会陈皮的品牌营销与传播打出了组合拳，硬实力和软实力两张牌相得益彰，每个大手笔之间有序衔接，环环相扣，很好地发挥了传播营销的乘数效应。

1. 建好产业园，引领产业高质量发展

新会区立足拥有国家地理标志保护产品——新会柑、新会陈皮的资源禀赋，深挖新会陈皮文化、健康价值，积极创建新会陈皮现代农业产业园，以新会陈皮产业为主导产业，科学规划布局"一轴、两带、三基地、四中心、五园区"的产业格局。一轴为陈皮产业文化创意与休闲体验轴。两带为三江-会城核心加工带和双水-会城七堡岛健康加工带。三基地为会城核心种植基地、三江绿色种植基地和双水绿色种植基地。四中心为陈皮文化博览中心、陈皮公共服务中心、新会柑陈皮种质资源保护与良种苗木繁育中心和陈皮检验检测中心。五园区为陈皮村三产融合园、丽宫研发加工园、新宝堂生物科技园、七堡健康食品研发加工园和小冈香陈皮文化创意园。

在创建过程中，产业园主要从生产、加工、科技、融合、服务等方面实现示范带动发展：以陈皮村、新宝堂、丽宫食品、柑之林等一批新型经营主体为龙头，从种质资源保护、良种苗木繁育、种植标准化和现代化生产设备推广应用等方面着手，实现新会柑全域绿色优质高效生产；鼓励加工企业入园发展，加快陈皮产业加工标准化，大力发展新会陈皮产品精深加工；深化与重点科研院所合作，加快科研成果转化，延伸产业链条；深挖新会陈皮产业健康和文化价值，从产品、文化、故事多个不同维度开发全产业链，打造新会陈皮品牌；此外，将金融引入产业园发展，让金融与产业紧密结合，让金融与农业经营主体紧密结合，推动三产融合发展；建设产业园公共服务中心并投入使用，提供"一门式"办理所有与陈皮

相关的服务，涉及政策、管理、金融、科技、协会、数据、电商和农资农技等八大服务，促进产业提质增效。

新会陈皮国家现代农业产业园"大基地"新会柑收获盛况

2. 抓好道地性，夯实新会陈皮品牌根基

种质与种植，是农业生产的根基。新会近年持续开展新会柑品种保护与选育，不断加强道地新会陈皮资源保护力度。新会区设立3 369亩新会柑种植永久保护地，成为国家柑橘栽培综合标准化示范区、全省首个国家地理标志产品保护示范区；重点优化茶坑、天马、梅江、东甲等产区功能布局，规划非农保区种植区域，加快出台政策推动新会柑上山种植，合理规划拓展种植面积；打造集苗木繁育、科研、示范、技术推广为一体的新会柑陈皮种质资源保护与良种苗木繁育中心，目前，该中心年产量为12万株，远期目标是优质种苗年产能达到200万株。

"新会种，新会种，新会陈"是新会陈皮道地属性的要素，为进一步加强新会陈皮溯源监管，强化区域公用品牌保护，新会区结合新会陈皮道地特性，按照"道地生产数据化、溯源监管智慧化、品牌保护系统化"的总体定位，打造新会陈皮数字化溯源管理体系，为"新会陈皮"区域公用品牌保护上牢"安全锁"。先后制定出台《加快推进新会陈皮产业高质量发展的指导意见》《新会陈皮数字化管理系统建设工作方案》《新会柑（陈皮）庄园建设与管理规范》等，力抓新会陈皮道地属性、品牌数字化、市场流通等方面的监管；建立种植户、加工仓储企业电子账户和台账，规范地理标志证明商标标识使用管理；实行产地准出和市场准入管控机制，发挥新会陈皮质量检验检测中心作用，推动质量可追溯体系建设，开展新会陈皮产业市场监管与打假维权工作。

新会陈皮数字化溯源管理系统查询二维码

3. 借助文化节，擦亮"新会陈皮"金字招牌

2011年起，每到新会柑丰收的季节，新会都会举办与陈皮文化相关的活动，包括新会陈皮博览会、企业专场推介会、文艺表演、新会陈皮展示展览博览会、新会陈皮美食与文化交流活动等。其中，每两年举办一次的中国新会陈皮文化节，更是成为向全球推广新会柑、新会陈皮的一块金字招牌。自2018年起，新会区结合中国农民

丰收节每年举办一届新会柑农节，向公众全方位展示新会陈皮的历史文化和新会陈皮产业的发展历程，强化对新会陈皮文化与产业的社会认知，同时激发新会柑农及新会陈皮产业从业者的获得感、自豪感、荣誉感，共庆新会柑的采摘与新会陈皮的新一年炮制。

近年来，在人民大会堂、上海环球金融中心等地举行新会陈皮文化节新闻发布会和产销对接会，并与中央电视台合作拍摄大型人文纪录片《道地陈皮》，把"新会陈皮"品牌推向全国乃至全世界。在新会首届陈皮文化节之后，新会柑种植面积逐年大幅增加，新会柑价格也一路攀升，一度上涨 8 倍，新会陈皮价格更是飞涨。

第五届中国·新会陈皮文化节

4. 积极走出去，加强"新会陈皮"品牌合作交流

近年来，新会区积极以会展促品牌，组织新会陈皮及柑茶企业"走出去"，到北京、云南、海南等地推介，还结合小青柑开采节、新会柑农节、中国·新会陈皮文化节等品牌活动，邀请各地茶商、经销商走进新会，做实做大做强产销对接，提升区域公用品牌知名度，提高柑农整体收益。

（1）积极出省　2021 年第四届中国国际茶叶博览会在杭州开幕，在新会区人民政府和新会陈皮协会的组织策划下，多家新会陈皮生产企业赶赴参展，"新会陈皮，越陈越香！"

（2）快步出国　随着新会陈皮产业蓬勃发展，越来越多的陈皮企业把目光看向海外市场，不少企业已经率先走出国门，如江门丽宫国际食品股份有限公司于 2019 年 11 月通过江门海关成功出口第一批新会陈皮丝和侨宝七月果到美国。纽约时间 2022 年 11 月 29 日，新会柑等广东柑橘天团成员集体亮相美国纽约时报广场纳斯达克大屏，进一步擦亮了广东柑橘的国际品牌。2023 年 4 月 7 日下午，中法两国元首在广州松园进行非正式会晤，吸引全球目光，新会陈皮等岭南瑰宝亮相会晤现场，进一步提振产业发展信心。

新会柑亮相美国纽约时报广场纳斯达克大屏
注：来自《南方农村报》的报道。

2019 年以来，新会陈皮在品牌推广上不断创新思维，联合南方报业传媒集团南方农村报社等各级媒体，以品牌＋宣传＋短视频＋直播等形式推动新会陈皮线上线下融合发展，包括开展电商人才培育线上直播课程，开展"县长直播带货""网红推介新会小青柑茶"等直播推介，开通新会陈皮高铁专列，新会柑宣传广告亮相中央电视台综合频道（CCTV-1）、《南方都市报》、N视频、《南方农村报》等联合出品创意条漫作品在朋友圈推广，新会陈皮闪耀广州塔，广东省乡村振兴文化服务产业园农产品品牌共建基地（新会陈皮）项目投入运营等。借助各类媒介，新会陈皮的"好"被越来越多人所熟知。

新会陈皮亮相广州塔

《南方农村报》为新会陈皮国家现代农业产业园梳理的"五个大"发展模式

5. 深化"陈皮＋"，不断提升全产业链效益

近年来，新会陈皮的规模发展与品牌价值迎来多重利好，新会区乘势推动"陈皮＋"融合共赢，"陈皮＋金融""陈皮＋文旅""陈皮＋数字营销""陈皮＋庄园"等方兴未艾。

（1）"陈皮＋文旅"　建成新会陈皮文化与产业博览中心，打造了陈皮古道、新会陈皮村、陈皮小镇、陈皮文化主题酒店月泉湖居等文旅融合体；举办5届中国·新会陈皮文化节以及新会柑农节、中国农民丰收节、陈皮美食旅游节等大型陈皮主题节庆活动；有机结合非遗文化，不断丰富研学、科普、美食等旅游业态。

江门市新会区庆祝2021年中国农民丰收节暨新会大红柑采摘活动

（2）"陈皮＋金融"　联合江门农商银行、农业银行等推出"葵乡惠农贷""陈皮e贷""陈皮助保贷"等特色金融产品，打通新会柑种植及新会陈皮加工的融资渠道，降低融资成本。截至2022年底，全区已累计发放新会柑、陈皮产业贷款22.3亿元。

（3）"陈皮＋数字营销"　紧跟直播带货发展潮流，推动"新会

陈皮＋直播＋电商"数字化发展，打造"直播卖陈皮""云赏柑花"
"云品柑茶"等数字化营销案例，扶持培育"葵客"等电商品牌，
助力新会陈皮产业拓销路、打品牌、增效益。

2020 国际茶日广东云活动新会柑茶"云品鉴"

（4）"陈皮＋庄园"。新会区以新会柑（陈皮）及其衍生产业为
基础，以先进经营理念、生产技艺、管理方式为支撑，依托特色自

丽宫新会陈皮庄园实景

然、人文资源和陈皮业态，拓展精品生态、精品种植、精品加工和精品仓储多种业态，拓展农耕体验、旅游观光、休闲度假、健康养老、教育文化等多种功能，积极推进打造"新会陈皮庄园"，引领新会柑和新会陈皮产业向高质量种植、高水平经营和高信誉品牌转型升级，拉开了新会陈皮3.0版转型升级序幕。

实战小结

以陈促新　越陈越香

一是做好历史传承。"新会陈皮，越陈越香"，这不仅指的是产业本身，还包括这个已有八百年历史记载的产业。这段悠久的历史，既是根脉，又是壁垒，是任何其他竞品所无法超越的。新会陈皮所需要做的就是不断强化道地性，做好历史传承。

二是讲好健康文化。新会陈皮的药用价值已被越来越多的普通百姓所知晓，并在日常生活中得到广泛应用。药食同源，不仅大大扩展了它的使用场景，更关键是赋予了它远超普通柑橘的产品价值，并为品牌价值奠定了坚实的基础。

三是抓好产业融合。产业边界的每一次突破，都意味着新的商机，不仅给陈皮产业带来增值的机会，还使相关产业焕发了生机。"陈皮＋金融""陈皮＋文旅""陈皮＋数字营销""陈皮＋庄园"的方兴未艾，为更多要素的引进和融合提供了参考，为做好"陈皮＋"的大文章提供了更大的想象空间，也突破了"新会陈皮"品牌价值的天花板。

五、澄海狮头鹅

狮头鹅是我国最大型的鹅种，"澄海系狮头鹅"是国家级畜禽遗传资源保护品种，在民间有 300 多年的养殖历史，具有良好的产业基础和文化积淀。

在潮汕地区，每年民间文艺、祭拜活动都有"赛大鹅"的传统习惯，群众乐此不疲；而且无鹅不成宴，一只"够年份"的大鹅往往决定着宴席的档次。汕头市澄海区作为著名水乡，溪流、沟渠、池塘众多，为狮头鹅的饲养提供了良好的水资源。同时，澄海气候温和，雨水多，青草丰茂，种植业发达，也为狮头鹅提供了大量的稻谷、菜叶、青草等纯天然优质饲料。

2020 年 6 月，澄海狮头鹅入选广东省名特优新农产品目录。2021 年 7 月，澄海区被认定为广东省澄海狮头鹅特色农产品优势区，9 月入选全国名特优新农产品名录，10 月获"粤字号"百县百品县域公用品牌"优秀品牌"称号。

澄海狮头鹅

在《2022"粤字号"农业品牌目录》中，澄海狮头鹅再次榜上有名。目前，澄海区狮头鹅产业发展协会正积极申报注册狮头鹅中国农产品地理标志，进一步促进产业持续健康发展。截至 2022 年，澄海区肉鹅年出栏量超 750 万只，种鹅存栏 90 多万只，年可供鹅苗超 1 300 万只，全产业链年创产值超 35 亿元，在全国鹅产业中处于领先地位。

（一）品牌故事

据史料记载，狮头鹅的品种已有 700 多年历史。元朝时期，意大利旅行家鄂多立克曾游历中国，他最先到达广州，并感叹"这里的鹅要比世界上任何地方还大"，描述中提及"咽喉下面长着一块肉锤"，正是狮头鹅最为典型的品种特征。而后，饶平县浮滨镇溪楼村村史也记载了"狮头鹅"，该村村民从野生鹅类中甄选出体型较大的禽种进行家养及驯化，最终繁衍出体壮、颈长、头部长有五个瘤且形状极似狮头的"鹅"，后定名为"狮头鹅"。

与常规品种鹅相比，这种鹅体型较大、性情温驯，且公鹅叫声洪亮，民间视其为扶正祛邪的吉祥物，家家户户相继饲养了起来。时间来到 20 世纪 20 年代，狮头鹅传入当时的澄海县月浦地区，这里水源优质，改良孕育出的鹅种个头大、品质优，在潮汕一带广受热捧。

狮头鹅以体型庞大、生长周期快著称，据记载最重可达 18 千克，其肉质具有高蛋白、低脂肪的营养特点。而这些，与其生长环境有着密切联系。澄海位于广东省东部、韩江三角洲出海口，海拔在 10 米以下的平原占总面积的 81.9%，素有"一山一水八分地"之称，属南亚热带季风气候。在这里，阳光充足且雨量充沛，为狮头鹅养殖提供了卓越的自然禀赋。相较于其他产区的狮头鹅，澄海狮头鹅体态更为雄健、肉质更为鲜美。

1956—1965 年，经由广东省种鹅场、澄海县白沙原种场（现汕头市白沙禽畜原种研究所）收集潮汕地区不同来源的狮头鹅，并进行提纯、复壮、精选、繁育，"澄海系狮头鹅"纯种最终成功问世。据悉，当时体型最大的成鹅从脚至头顶高达 1 米、单翅最大展幅为 1.2 米。澄海当地资料还记载，位居"体重之最"的公鹅有39.1 斤，享有"世界鹅王"的美誉。在此期间，澄海狮头鹅还参加了全国性的博览会，引起业界高度关注。20 世纪 80 年代以后，澄海地区饲养种鹅已达 10 万只，占潮汕种鹅总数的 60％以上。2002 年 8 月，汕头市白沙禽畜原种研究所以"狮头"为名申请注册商标，通过这种形式为澄海狮头鹅这一品种资源寻求法律上的保护。同时，也是为鹅种质资源开发创造更为有利的条件。可以说，狮头鹅原产自饶平县，盛名于澄海区，"澄海狮头鹅"日渐名声大噪。

狮头鹅独特的体态形象，还被广泛运用到影视及戏剧作品中。20 世纪 50 年代末，澄海民间艺人陈唪嗳联合陈阿九、洪胜等创作的传统动物舞蹈《双咬鹅舞》，正是以素有"鹅王"美誉的澄海狮头鹅为原型。到 70 年代末期，中央新闻纪录电影制片厂专程来到澄海白沙原种场，摄制《澄海特产狮头鹅》新闻纪录片，成为新中国成立 30 周年献礼的精品杰作。此片一经上映，引起全球各地的强烈反响。

"澄海狮头鹅"曾获周恩来总理亲自签署的国务院嘉奖令，狮头鹅受精蛋还被作为国礼赠予泰国国王。

（二）品牌形象

2000 年以来，随着大众对肉类品质需求的不断提升，以及品牌塑造意识的持续深化，"澄海狮头鹅"这一品牌也在不断地擦亮和升级。

品牌 logo 正中"澄海狮头鹅"字样表明了产品名称，并搭配"鹅头"动漫形象增加趣味性。背景帆船则源于澄海区代表性的地标——红头船公园，该公园展现了昔日潮汕人乘坐红头船远渡重洋到海外谋生的艰苦历程，是潮汕地区"团结、拼搏、拓展、

澄海狮头鹅品牌 logo

创新"精神的一种体现。"CHENGHAI LION - HEAD GOOSE"为澄海狮头鹅的英文译名，突显了品牌立足国内、走向国际的视野和雄心，与此同时，也恰好与正下方的帆船形成呼应，寓意澄海狮头鹅品牌不畏艰险、迈向更广阔天地的精神内核。

（三）品牌营销与传播

1. 澄海狮头鹅的品牌营销从夯实产业链的各个环节开始

一是借助粤东地区唯一的禽畜原种科研所——白沙禽畜原种研究所等机构，以及众多经验丰富的养殖户，建立完善良种繁育体系和种鹅饲养等4个农业地方标准。二是大力推广应用狮头鹅反季节生产等繁育技术，培育出肉质上佳、抗逆性强、遗传性能稳定、外貌独特的澄海狮头鹅。三是制定澄海狮头鹅卤制技术规范和标准，建设狮头鹅"中央厨房"，确保狮头鹅卤制技术标准化、规范化、产业化和产品品质、卫生标准的一致性。同时，积极申报创建省级狮头鹅产业园，投入2.3亿元打造狮头鹅加工流通集聚中心等"一心一街二区"功能区，集聚十多家龙头企业和超千户农户参与发展，肉鹅年出栏量将超1 000万只，产业规模有望超过50亿元。

2. "澄海狮头鹅"品牌营销的重点在于不断开拓市场

一是积极组织澄海狮头鹅各经营主体参加中国国际农产品交易会、食品博览会、省农博会等重要展会，参与广东四大名鹅产业发展交流会，提升澄海狮头鹅产业对外交流合作水平，扩大"澄海狮头鹅"的品牌知名度。二是积极参加广东省农业农村厅举办的"粤字号"农产品品牌设计大赛等精品赛事，不断强化公用品牌的影响力和传播力。三是借助澄海创建广东省农产品跨境电子商务综合试验区、举办广东（汕头）农产品RCEP国际合作论坛等契机，积极推动狮头鹅等特色农产品走向国际市场，支持引导企业完成海关备案，并与泰国、马来西亚等国际采购单位形成合作，推动狮头鹅产业向数字化转型、国际化拓展。四是积极探索"互联网＋传统农产品"新模式，举办中国·汕头澄海狮头鹅国际网络节、农产品跨境电商和世界狮头鹅产业高质量发展云论坛、狮头鹅美食文化直播、云评比、百万农民云培训等系列活动，推动澄海狮头鹅产业上云端，走向市场，走向世界。五是组织狮头鹅等名特优新农产品亮相第四届中国农民丰收节，进一步提振"澄海狮头鹅"品牌，拓宽市场销路。

3. "喊全球吃澄海狮头鹅"系列活动

为进一步完善澄海狮头鹅"12221"市场体系建设，推动"澄海狮头鹅"品牌与预制菜产品走出国门、走向世界，2021年9月至2022年2月，澄海区启动"喊全球吃澄海狮头鹅"系列活动，通过"1＋1＋1＋N"的总体模式，以狮头鹅文化为主题，推出了一系列品牌营销和传播活动，全方位多角度宣传推广澄海狮头鹅，有效提升了"澄海狮头鹅"品牌在全国乃至全球市场的知名度和美誉度。

狮头鹅养殖场

具体做法如下：

（1）1个评选。开展澄海区"最大狮头鹅王"评选。为丰富民众文化生活，推动养殖户不断培育出更大、更优良的澄海狮头鹅，澄海区连续两年举办"鹅王"评选活动。活动由当地养殖企业选送鹅只进行称重比拼，2021年"鹅王"以39.1斤的超大体重一举夺魁，并一举打破了2020年"最大狮头鹅王"创造的34.4斤的历史纪录。该事件在全网迅速掀起舆论热潮，不仅登上10城微博热搜，更使澄海狮头鹅成为当之无愧的"网红鹅"。

2021年"澄海狮头鹅王"颁奖仪式上，3只新晋"鹅王"再次在台上一展雄风，接受了嘉奖。澄海区狮头鹅产业发展协会会长余壮忠认为，举办"最大狮头鹅王"评选不仅彰显了"世界鹅王之乡"的名号，更打响了"澄海狮头鹅"的地标品牌，丰富了澄海狮头鹅的产业文化。

澄海区"最大狮头鹅王"评选活动

（2）1批出口。推动澄海狮头鹅预制菜首批出口。为抢抓RCEP生效红利，澄海区接连举办澄海狮头鹅（卤制品）首批出口香港和泰国发车仪式，宣告实现出口"零"的突破。如今，狮头鹅产品出海正渐成常态。

澄海是古代海上丝绸之路重要节点，是中国对外经济贸易的重要门户。中国近代史上，万千潮汕同胞从澄海樟林古港乘坐红头船出发，前往泰国、新加坡、马来西亚等地谋取生计。他们在海外取得了事业与成绩，为祖国的发展做出了积极贡献，却始终难以忘怀家乡美食的独特味道。

2021年12月16日上午，澄海狮头鹅（卤制品）出口泰国发车仪式在澄海区莲下镇广东熙望食品厂区举行。"有潮水的地方，就有潮汕人，有潮汕人的地方，就应该有澄海狮头鹅。本次澄海狮头鹅成功出口泰国，不仅为海外潮人提供了'美味食粮'，更提供了'精神食粮'，增强了泰国华人华侨对祖国的文化认同感。"泰国商会会长陈贤得说道。

随着一箱箱卤制品被推出仓库、装上物流运输货车，澄海狮头鹅继成功发车香港之后，再次打通出口通道，拓展RCEP成员方泰国的市场。本次进口方泰国佳铭发贸易有限公司为澄海人在海外创办的企业，承载着无数泰国侨胞对家乡味道的向往和期待。

广东（汕头）农产品RCEP国际合作论坛

澄海狮头鹅出口泰国发车仪式

（3）1 场节庆　举办汕头澄海狮头鹅文化节，活动发布了《汕头市澄海狮头鹅产业扶持政策》，并为 2021 年度新晋"鹅王"进行颁奖，为 10 位狮头鹅产业代表颁发了"鹅大师"聘书。现场还举行了潮州大锣鼓、《双咬鹅舞》文化表演、澄海狮头鹅卤制及切片拼盘才艺展示等具有狮头鹅产业文化特色的活动，以及澄海狮头鹅"直播街"企业产品展示展销。

10 位狮头鹅产业代表授勋"鹅大师"称号

非遗舞蹈《双咬鹅舞》以潮汕狮头鹅为形象原型。狮头鹅用竹藤做骨架，外裹白绒布，涂上色彩，身长 1.4 米、头连颈长 1 米。表演时，演员藏身于鹅身内操控狮头鹅，在脍炙人口的潮州传统音乐中翩翩起舞。《双咬鹅舞》将劳动人民饲养狮头鹅的劳动场景加以提炼，生动地再现了狮头鹅悠游沐浴、翩然戏水、专注觅食、互相争斗等画面，极具潮汕乡土风情和生活情趣。

《双咬鹅舞》传统文化节目

（4）N 种营销。打造汕头澄海"云上鹅市"线上展销平台，推出澄海狮头鹅"卤鹅卡"产品定制套餐，发起澄海狮头鹅摄影书画作品征集，推出可 720°看澄海狮头鹅产业园的全景 VR，举办澄海狮头鹅"云认养"活动，并通过与《南方日报》《南方农村报》《汕头日报》等各级媒体联动，多渠道、多形式加强澄海狮头鹅文化与品牌传播，促进澄海狮头鹅产品销售。

在"云上鹅市"的产品馆中，陈列着近百款令人垂涎的狮头鹅预制菜产品。吃货们在逛鹅市买买买的同时，可通过 VR 看鹅、云认养，了解一只美味卤鹅的生产全过程。对于很多"80""90"后来说，电子宠物是曾经的至爱，本届"云上鹅市"将电子宠物带进了"三次元"时代。在"鹅认养"栏目，消费者可网上下单认养带溯源码的鹅苗，认养后，消费者可购买饲料和选择饲养服务套餐，在线投喂，远程观看认养鹅只的健康状态，也可以线下

720°全景看澄海狮头鹅产业园

"云上鹅市"可线上下单狮头鹅产品

狮头鹅全产业链集市上的文创产品

参观自己认养的狮头鹅；同时，享有狮头鹅长成以后的免费预制菜加工和配送服务。

"云上鹅市"还为预制菜采购商搭建了企业馆，涵盖澄海狮头鹅核心企业资讯，为产销对接提供服务。澄海区推出至尊澄海"吃鹅卡"，供消费者扫码分期兑换或一次性兑换 7 种狮头鹅预制菜产品（鹅翅、鹅掌、鹅颈、鹅头、鹅肉、鹅肝、鹅胗），一键下单即可配送到家，适合元旦、春节礼赠长辈亲朋。

活动上琳琅满目的狮头鹅产品

（四）品牌培育成效

（1）营销出圈。活动相关微博话题阅读量超过 1 500 万人次，登陆 10 城微博热搜，活动直播观看量超 4 000 万人次。

自 2021 年 10 月筹备活动以来，打造了卤鹅培训、"鹅王"出圈、澄海狮头鹅出海、预制菜出海、过年吃大鹅等传播热点，微博话题♯广东汕头澄海狮头鹅火到海外去♯阅读量 1 200 多万人次，登陆十城微博热搜，澄海狮头鹅迅速火遍全网，成为当之无愧的"网红鹅"。活动期间，央视频道、新华社、中国网、《南方日报》《南方农村报》《南方都市报》、广东电视台（触电新闻）、广东保供稳价安心数字平台、粤听、橄榄台、《汕头日报》、抖音等十多个平台同步直播，线上超 4 000 万人观看了直播。

国际传播出圈。中央电视台国际在线、《环球时报》和《南方网外文版》等国际新闻平台相继报道，其中，在《环球时报外文版》刊登了整版报道，还有外国网红现场直播推介澄海狮头鹅。宣传渠道全面，除了主流媒体平台，还覆盖了抖音、微博、快手、今日头条等；宣传形式多样，消息、通讯、直播、图片新闻、短视频、电视节目、海报等一应俱全。

（2）促成销售。RCEP 的生效实施，将带动预制菜产业开拓海外市场，成就名副其实的"万亿蓝海"。在 2022 年 2 月 23 日上午召开的广东（汕头）农产品 RCEP 国际合作论坛上，总金额达5 000 万元的澄海狮头鹅预制菜产品成功签约出口。

以文化塑品牌，以品牌带发展。"喊全球吃澄海狮头鹅"系列活动依托潮汕地区丰厚的民俗文化，推动"澄海狮头鹅"品牌"出村进城""破浪出海"，打造了一批具有影响力的狮头鹅大师、狮头鹅名店、狮头鹅龙头企业、狮头鹅电商等，"澄海狮头鹅"区域公用品牌知名度和影响力持续扩大。

在产业品牌的有力带动下，企业品牌也得到了长足发展。日日香、物只卤鹅等卤鹅餐饮企业将狮头鹅美食专营店开遍珠江三角洲乃至东南亚地区。目前日日香鹅肉饭店在国内已开设 30 多家连锁门店，遍布北京、深圳、广州、香港、成都、厦门等热门旅游城市，门店累计年接待客流量超 20 万人次。"日日香卤鹅"也因此成为潮汕地区知名的卤鹅品牌，得到了国内外餐饮界的认可。心瓷科技通过与京东自营、盒马鲜生、苏宁易购等多家国内知名平台合作，不仅打通澄海狮头鹅线上＋线下的销售渠道，更成为推动"澄海狮头鹅"上架全国一线城市销售的品牌企业。

（3）**收入提升**。2021 年，澄海狮头鹅养殖户年收入近 10 万元，较往年提升 27%。

（4）**备案增加**。自 2021 年 12 月实现"零"突破起，区内具有出口备案资质的澄海狮头鹅生产企业已达 5 家。

（5）**推动出口**。2022 年 1~2 月，汕头市对 RCEP 成员方产品出口额达 40.1 亿元，增长 14.4%。其中，狮头鹅卤制品等潮汕特色产品，出口额近 2 亿元，增长明显。

狮头鹅品牌专卖店

人气爆棚的狮头鹅特色饭店

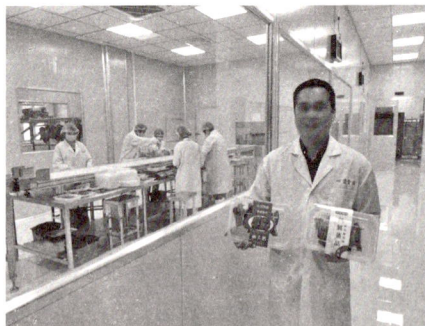

狮头鹅预制菜产品

实战小结

塑造"根够深、链够长、圈够大"的品牌价值链

"澄海狮头鹅"的品牌培育能取得如此大的成绩，有三点做法尤其值得关注：

一是根够深。经过几代人的努力，"澄海狮头鹅"拥有了完全知识产权的自主品种，这是产业发展的最强根基和最高壁垒。除了产业的根，还有文化的根，"赛大鹅""无鹅不成宴"的文化传统扎根在每个潮汕人的心中，这是"澄海狮头鹅"品牌得以发展的不竭源泉。

二是链够长。澄海狮头鹅摆脱了初级农产品难与消费者直接见面的困局，通过富有体验性的饭店和形象高端的合作渠道，在终端向经济实力较强的城市消费者输出狮头鹅产品和文化。这种向下游拓展的产业链模式，能把效益更多地反哺给产业链上游，即狮头鹅养殖者。

三是圈够大。品牌形象塑造，在于高规格、宽领域、多样化地讲好品牌故事，以及构建更有包容性的利益共同体。预制菜、特色饭店、专卖店、电商、云上鹅市、出口等创新性的产品形态、渠道形态和市场形态，大大扩展了澄海狮头鹅的消费场景和客户对象。

六、白蕉海鲈

珠江八道门，四道过斗门。珠海斗门是水产重镇，水网纵横，江海相会，咸淡相融，并以此形成当地独特的沙田水乡风貌和疍家文化特色。在这里，游出了广东水产业第一个全国地理标志产品

"白蕉海鲈"。

海鲈是我国第二大海水养殖鱼类。经过 30 多年发展，珠海斗门成为全球最大的海鲈生产基地、最大的交易集散中心，养殖面积 3.9 万亩，产量 15.6 万吨，约占全国的 70%，全国每 10 条海鲈就有 7 条来自斗门。斗门被誉为"中国海鲈之乡"，"白蕉海鲈"荣获珠海市首个国家地理标志保护产品、最具影响力的区域公用品牌、中国百强农产品区域公用品牌、广东省最具影响力渔业区域性公用品牌等荣誉称号，还入选中国农业品牌目录和全国名特优新农产品名录。

白蕉海鲈产品

（一）品牌故事

鲈鱼，一条千年文化鱼，典出我国历代典籍，薪火相传至今已有 2 000 多年历史，名人雅士以它为意象创作诗词歌赋，唐代李白挥毫泼墨"此行不为鲈鱼鲙，自爱名山入剡中"，白居易赋诗"鲙缕鲜仍细，莼丝滑且柔"以赞之，宋代范仲淹诗云"江上往来人，但爱鲈鱼美"……

天赐一方珠江水，水养一域海鲈鱼。每年冬春季节是海鲈鱼苗投放的季节，而此时西江恰逢咸潮来袭，河水有了一定的盐度，等到了春夏季节，河水又变成了纯淡水，得益于这份得天独厚的环境与资源，斗门出产的海鲈味道特别鲜美。

然而，千年名鱼畅游在白蕉镇，只有30多年的历史。

据了解，养殖海鲈前，当地农户以种植甘蔗为主。河口咸淡水交汇，存活有不少野生海鲈，20世纪80年代末，斗门有养殖户捕捞野生鱼苗进行人工养殖，亩产量只有两三百斤，但每斤售价超过20元，成为市场上的高端鱼。1996年开始，斗门养殖户们从山东等地引进黄海地区的七星鲈，产量大增，也就是这次引进，让鲈鱼养殖中心从青岛转移到斗门。

海鲈在白蕉镇养殖面积最大、产量最高，味道又特别鲜美，被流通商贩和本地农民称为"白蕉海鲈"。据《斗门县志》记载，2000年，斗门海鲈养殖面积达到9 741亩，亩产量达到1 218千克。

2006年，"白蕉海鲈"第一次出现在《广东年鉴2006》第562页中，"斗门区生态农业蒸蒸日上，'白蕉海鲈'等优质水产品远销上海、北京等24个省份以及美国、俄罗斯等国家"；《广东年鉴2007》第564页："白蕉海鲈等农产品畅销国内外。"

海鲈养殖存在"三年一坎"的说法，是指随着养殖面积等因素变化，三年行情好，一年行情坏。2005—2006年，海鲈价格低迷。2009—2011年三年风调雨顺，2010年和2011年，海鲈养殖量分别增长10%、20%。2012年成为养殖海鲈"滑铁卢"的一年，价格跌到10元/千克，塘租、苗种、饲料等投入成本却在上升，养殖户亏损严重，是海鲈养殖史上最为惨烈的一年。

白蕉海鲈传统的产业链模式是养殖户（出鱼）—饲料经销商/鱼中（收鱼）—流通商（卖鱼）—批发市场（中转）—终端消费市场（消费）。这种模式产销两端基本脱节，信息不对称，最终造成养殖户失去话语权，没有议价权，养殖户只能赚取原始初级农产品的廉价劳动力收益，这条好鱼的价值未能充分发掘。

转型迫在眉睫。渠道拓展，销路打开是第一步。海鲈生性凶猛，海鲈人身上也有一种拼劲和韧劲。在海鲈人的努力下，渠道打开了，销售半径扩大了，海鲈市场活了，2012年之后，从事种苗、养殖、鱼中、动保、饲料、流通、加工、餐饮等海鲈产业链上的工作人员越来越多了。流通商不断扩大业务内容，从大规模养殖再到海鲈加工，成为推动海鲈产业发展的重要力量。2015年后，珠海强竞、荣益水产等流通商率先发展海鲈流通加工。2019年后，白蕉海鲈预制菜开始兴盛起来。

目前，白蕉海鲈加工厂房面积为17.73万米^2，冷库面积7.3万米^2，冷库容量13.49万吨，总加工能力23.6万吨，实际加工量4.5万吨。斗门区海鲈全产业链总产值达170亿元，其中，养殖产值32亿元、活鲜流通产值3亿元、打冰产值2亿元、加工产值25亿元、水产饲料产值108亿元，初步形成了政府引导、市场主导、龙头企业带动、小农户深度参与的运营机制，带动农民走上了致富之路。

（二）品牌形象

为进一步擦亮"白蕉海鲈"品牌，将白蕉海鲈打造为"国鲈"，2022年12月，斗门发布了国鲈logo。国鲈logo以整体国风展现白蕉海鲈的畅游姿态，并以墨点点缀，代表白蕉海鲈的"七星斑"特征。白蕉海鲈头部设计了祥云元素，既有传统的吉祥如意寓意，又为白蕉海鲈增添了几分灵动。配色上，国鲈logo选用传统的赤红颜色，象征着白蕉海鲈由南而

"白蕉海鲈"品牌logo

生，美誉四海。此外，斗门 logo 融入国鲈 logo，整体画面更加饱满统一，赏心悦目。

（三）品牌营销与传播

斗门是"中国白蕉海鲈之乡"，发展白蕉海鲈有特色有优势，是促进共同富裕、推动乡村振兴的有效举措。卖好一条鱼，带火一座城，从"中国海鲈之都""中国海鲈预制菜之都"到创建"中国年鱼之都""国际垂钓之都"，从"丰收节经济"到领航"年鱼经济"，"四都二经济"浓缩了白蕉海鲈的发轫之路，进一步擦亮了"白蕉海鲈"品牌，为乡村振兴增添了鲜味。

1. 夯实产业基础，加快全链条发展

2020 年 6 月，斗门区白蕉海鲈产业园获批为省级现代农业产业园。而后，珠海市斗门区加大财政支持力度，投入 8 000 万元财政资金建设斗门白蕉海鲈产业园，重点扶持加工冷链项目、良种标粗研究项目和农产品质量安全检测项目，从基础设施、种苗研究、加工车间、仓储物流、品牌宣传推广等全方位补齐白蕉海鲈发展的短板，加快全链条发展。

创建珠海市斗门区河口渔业研究所，强化海鲈苗种河口区培育、海鲈活鱼运输技术和高品质鱼技术攻关，推进良种化标准化建设，与中国海洋大学、广东省院士工作站、中国水产科学研究院南海研究所等多家科研机构合作，自主研发海鲈的河口区人工淡化育苗技术、海鲈活鱼商业化运输技术，并已经实现产业化应用。

这条鱼正在带动一个产业，海鲈产业已成为珠海市农渔支柱产业，形成集种苗繁育、养殖、生产、加工、仓储、冷链运输、贸易于一体的全产业链发展态势。

其中的重点是发展"节庆经济"：

一是创建"丰收节经济"模式　2022 年 9 月 23 日，广东省庆

祝 2022 年中国农民丰收节主会场设在斗门，遨游池底的白蕉海鲈终于跃上云端，成为火爆全网的"网红鱼"、农民增收的"致富鱼"、乡村振兴的"希望鱼"。**一产更旺了**。借助丰收节经济的东风，白蕉海鲈的出塘价从 9 月 20 日 25～32 元/千克上涨至国庆期间的 27～36.4 元/千克，创历史新高，比去年同期高 8～14 元/千克。**二产更兴了**。2022 年国庆期间，斗门区水产品加工企业的白蕉海鲈预制菜产品销量约 628 吨，同比增长 28.6%，总销售额 2 519.7 万元，同比增长 30%。**三产更热了**。白蕉海鲈成为火爆刷屏的网红美食，"到珠海斗门吃海鲈"成为 2022 年国庆节假日的一道亮丽风景线。据统计，2022 年农民丰收节以来斗门餐饮业白蕉海鲈销量和销售额比去年同期增长均超 40%。

二是举办首届中国年鱼博览会。在我国丰富多彩的年俗文化中，鱼的形象随处可见，家家户户的餐桌基本上都有鱼的存在，"年年有鱼"的文化深入人心。"年鱼"概念的提出，丰富了水产品的内涵与外延，与传统习俗相呼应，同时迎合消费新潮流，为预制菜产业发展带来新机遇。为实现白蕉海鲈更快地"从塘头游向餐桌""从斗门游向世界"，斗门区全面启动"年鱼经济"品牌

首届中国年鱼博览会

创建工作，在全省乃至全国率先提出打造"年鱼经济"，并于2022年12月底举办首届中国年鱼博览会，还同步建设了中国年鱼线上交易平台，打造365天永不落幕的数字展馆。博览会主题活动达10多项，参展单位200多家，项目招商和采购签约金额超百亿元，《人民日报》、中央电视台、新华社、《南方日报》等60多家媒体刊发报道超300篇，直播观看量超1000万人次，微信指数增长1800%。

三是发展休闲垂钓促进三产融合。斗门首次举办国际垂钓邀请大赛，以大赛为小切口，启动国际垂钓之都大建设。2022年10月10日，斗门白蕉海鲈垂钓直播大擂台（练习赛）顺利举行，超1000万人次观众收看"云垂钓"直播，体验钓鱼乐趣，白蕉海鲈在镜头中走向全国。2022年12月17日，"白蕉海鲈杯"2022年中国斗门垂钓大赛在斗门区成益围主赛场开竿，全国垂钓"大咖"云集，网红达人助阵，以钓会友，逐"鲈"争霸，"以赛赋能""以赛促产""以赛聚业"，垂钓大赛带动休闲体育、文化旅游等产业蓬勃发展。斗门区政府还与中国钓鱼运动协会就钓鱼运动项目事宜，签订了有效期为五年的合作备忘录。

2. 加大走出去力度

2013年斗门区政府决定每年安排400万元产业扶持资金，用于扶持白蕉海鲈产业化发展，其中100万元作为市场推广费，其余300万元扶持流通企业做强做大，推广小组奔赴广西、贵州、云南、四川、重庆、新疆、甘肃、福建等多地进行推介。

斗门通过"白蕉海鲈一桌菜"全国系列品鉴会，以及"名厨＋名餐厅＋名菜"品牌打造等方式，实现白蕉海鲈游进京津冀、长江三角洲，从粤港澳大湾区游向全国。

2022年12月19日，"白蕉海鲈'鲜'亮全国"——成都站品鉴活动在中国餐饮百强品牌老房子·华粹元年食府举行。斗门区此次与简阳市、四川省火锅协会、成都市食品工业协会、"成都十佳餐饮名店"老房子餐饮集团等多家餐饮机构签订了战略合作协议，目标是与成都的节庆品牌、水产品供应链上下游龙头企业和餐饮企业互动合作，让白蕉海鲈从粤港澳大湾区的"家常菜"蜕变成火爆全国的"网红鱼"。

斗门区还组织参加了亚太水产养殖展览会、国际渔业博览会等国际性展会，推动"白蕉海鲈"与国际交流合作，拓展海内外市场。2021年4月，白蕉海鲈喜获澳门出口"通行证"，正式对接澳门市场，为澳门居民的餐桌增色。2022年11月11日，"白蕉海鲈"亮相2022粤澳名优商品展，白蕉海鲈风味鱼干礼盒、八宝白蕉海鲈鱼饭、白蕉海鲈鱼扒进入澳门千家万户的餐桌。

3. 构建立体营销网络

扶持企业到各大城市开设海鲈专营店69家，形成覆盖16个省会城市及6个二、三线城市的立体营销网络。积极发展农村电商，实施"互联网＋"农产品出村进城工程，与阿里巴巴合力建设农村淘宝电商网络，设立区级服务中心1家、村级服务站80家，覆盖全区近七成村居，建设特色中国珠海馆，创办"珠海渔都"等集零售、批发于一体的综合性电商平台，上线首日成交额超过1亿元，实现"网货下乡"和"农产品进城"的双向流通功能，村均代购额排名全省前列。通过时下流行的带货直播将海鲈做成爆品。2022年11月11日，借着全网狂欢的购物节，一大波"年鱼"预制菜产品"游"进直播间，第一水产大省向全国消费者宣布：广东年鱼正式出道，其中白蕉海鲈是"最靓的仔"。

4. 加大媒体宣传力度

"广东年鱼，年年有余！白蕉海鲈，年鱼佳礼！"2022年12月29日晚19:00，国鲈庄重点亮中国第一高塔——"小蛮腰"广州塔，并向广东人民提前送上新年的祝福。接着连续亮屏全国核心地标。2022年12月31日，白蕉海鲈从"华南屏王"广州外经贸大厦大屏出发，相继点亮北京、上海、武汉、西安等全国核心商圈地标巨屏，沿路经过华北、华东、华中、西北地区，以鱼为媒，向全国人民送上新年祝福。

四上央视成为"网红"。2022 年 11 月 12～13 日，央视中文国际、财经、新闻三大频道对"广东打造年鱼经济新动能"轮番报道，白蕉海鲈是其中的主角，年鱼出道"名场面"在全国掀起热议。2023 年 2 月 3 日 20：00，《南粤年鱼激活"消费春水"》在中央电视台财经频道《经济半小时》栏目播出，引发广泛关注。此外，新华网、广东电视台、《南方日报》《南方农村报》《南方都市报》《羊城晚报》《珠海特区报》、斗门融媒等媒体纷纷聚焦白蕉海鲈，推出系列专题报道。有关方面还开发了白蕉海鲈游戏小程序，丰富营销手段，增强互动性、趣味性，调动全民参与积极性，拉近水产品与消费者之间的距离。

实战小结

年鱼经济第一鱼

一是占住品类首位。广东提出发展"年鱼经济"，这是年货传统文化与节庆经济形态的完美嫁接，创造了一个新品类，而白蕉海鲈成为这个品类"最靓的仔"，以"白蕉海鲈，年鱼佳礼"等广告语脱颖而出，并通过承办首届中国年鱼博览会占据年鱼经济的首位。

二是强化科技支撑。海鲈等水产品对新鲜度的要求非常高，是否新鲜对产品的价值具有决定性的作用。海鲈的河口区人工淡化育苗技术、海鲈活鱼商业化运输技术的产业化应用，不仅提高了产品的售价，更增强了"白蕉海鲈"的品牌辨识度，支撑了品牌溢价。

三是融合创造市场。"白蕉海鲈"品牌培育主打的就是创新，除了定位创新和科技创新，还有业态创新。通过举办首次白蕉海鲈国际垂钓大赛，不仅创造了三产融合的新业态，还拓展了产品产业消费的新市场。

农业品牌观察

一、品牌农业"不可能三角"假说

20世纪60年代初,经济学家弗莱明和蒙代尔认为资本的自由流动、货币政策的独立性、固定汇率制三项目标中,一国政府最多只能同时实现两项。在经济学上,这个理论被称为"蒙代尔三角"或"不可能三角"。

在品牌农业领域,也存在一个类似的不可能三角,那就是大宗农产品产量增长、价格提升与快速动销之间,最多只能同时实现两项。其中的原因并不复杂,那就是大宗农产品的需求弹性普遍较小,在产量增长的情况下,如果还试图快速动销,只能以价换量,而不可能同时实现这三项目标。

产量增长

快速动销　　　　　价格提升

品牌农业"不可能三角"假说图示

　　尽管农产品需求弹性与消费者的需求程度、消费者收入、农产品的替代品数量与替代程度、农产品本身用途的广泛程度等多种因素相关，但在绝大多数情况下，对于大宗农产品来说，上述因素本身的稳定性较强，这就决定了农产品的需求弹性较小。对于某些不属于大宗农产品的小宗农产品而言，这些因素的可变程度可能会大一点，但由于小宗农产品对于农户的辐射面较小，原则上不属于政府扶持农业品牌培育的优先范围，因此不在本文的讨论之列。

　　如果这个品牌农业"不可能三角"假说能够成立，那么个别地方政府的某些做法就值得商榷，品牌农业扶持资金的投入方向也值得探讨。

（一）品牌推广不能逃脱集中销售时量升价跌的魔咒

　　举个例子，梅州蜜柚的行情，从 2018 年起每年都下了一个台阶，这个价格变化所对应的时间区间与政府支持梅州柚品牌培育的行动几乎完全同步。从表面上看，财政资金对于品牌推广的投入非但没有起到提振农产品市场行情的作用，反而出现政府越增加投入，农户越减少收入的现象。原因何在？政府投入品牌培育资金的出发点不容置疑，如果不是政府从前几年就开始加大品牌推广方面的投入，这几年的蜜柚行情恐怕会更加惨淡。蜜柚行情低迷的根本原因还是市场供过于求，品牌推广拉动的消费需求远远不能消化这几年的供应增量。从 2010 年起，梅州蜜柚开始出现逐年走高的行情，到 2016—2018 年行情达到阶段性的顶点，这三年红肉蜜柚每千克统收价格普遍达到 4～5 元，白肉蜜柚每千克也接近 4 元。随着蜜柚价格的节节走高，农户和投资者掀起了扩种的热潮，栽种之后通常 3～4 年开始挂果，大约在 2019 年，投产的高峰期来到了，目前产能仍在持续的放大当中。与投产高峰期同步的，是蜜柚价格下跌，2021 年红肉蜜柚的地头价最低时每千克跌到了 2 元左右，白肉蜜柚每千克则跌破了 1.2 元。

梅州蜜柚历年种植面积、产量与价格变化趋势

数据来源：媒体公开信息整理。

　　除了梅州蜜柚的产量剧增之外，还有一个影响梅州蜜柚行情的关键因素——福建平和蜜柚的上市时间几乎每年都往前赶，试图分享中秋节前上市价格相对较高的红利。平和蜜柚本来比上市最早的梅州蜜柚要晚 1 个月左右，但经过种植管理技术的改良以及受近年来气候因素的影响，上市时间逐年提前，目前两地之间的时间差已缩短到半个月左右。这种扎堆上市的行为，对梅州蜜柚的行情造成了直接冲击。为何平和蜜柚要抢早上市？其实还是因为全国市场一盘棋，由于供大于求，近年来平和蜜柚的行情节节走低。

　　由于蜜柚的产量相对于消费需求出现过剩，年纪大的柚农干脆弃管，需要维持生计的则改种其他品种。从 2019 年起，梅县的蜜柚种植户出现大规模改种沙田柚的情况。据了解，仅梅县蜜柚改沙田柚的面积就在 1 万亩以上。在常温下，蜜柚能存放 10～15 天且基本不改变品质，这在生鲜中已经属于"很能打"的，但沙田柚能存放两三个月甚至更久，其存放时间远长于蜜柚，这就意味着沙田柚对于快速动销的要求不高，供求双方之间对于价格的分歧可以获得一个较长时间的动态博弈空间。

（二）品牌培育资金应投入销售持续期较长的特色产业

荔枝是目前广东最重要的特色经济作物，面积、产量与产值均居全国第一，品种丰富多样，种质资源在全国乃至国际上都堪称独树一帜。广东荔枝不仅栽培历史悠久、栽培技术先进，科研队伍与研发实力在全国乃至国际上也是最强的，在营养诊断、平衡施肥、病虫害预测预报、果园标准化、机械化管理及专业化、社会化服务等方面的综合能力，支撑着荔枝种植管理技术不断变革。广东荔枝主要分布在茂名市、阳江市、广州市、惠州市及汕尾市等地区，消费品种层次较多，主流产区特色较强，区域分布跨度较广，上市时间持续较长。这些优势是全国其他荔枝产区，如海南、广西、福建、云南、贵州和四川等地所不具备的。

近年来，广东荔枝品牌的培育，相对其他产业来说是比较成功的。成功的原因众说纷纭，这里不一一列举。如果从品牌农业"不可能三角"假说的角度分析，就是在荔枝总产量变化不大（最近几年可谓大年不大，小年不小）的情况下，从粤西到粤东形成了梯次上市——从开始到结束有2个多月的总销售期，避免了类似梅州蜜柚一拥而上导致价格踩踏的窘境。即使出现明显的大年现象，如果各类主体在品牌推广、产品保鲜、冷链物流等方面的组合措施得力，成功化解荔枝上市洪峰的可能性也会大于无法错峰上市的梅州蜜柚。当然，供应量猛增的情况下不能要求快速动销，否则在销售期限的压力下，大年的荔枝行情也难逃梅州蜜柚的命运。

在不采取保鲜措施的情况下，荔枝的保鲜期远远短于蜜柚，这看似是一个明显的短板，但荔枝由于存在不同品种和不同区域的上市档期差异，近年来又有大量冷库和冷链等设施投入使用，因此，在每一个细分的特定时段，广东荔枝的供应量都不会显得特别巨大，加上品牌推广等系列配套工作比较得力，售价保持稳定甚至稳中有升是完全有可能实现的。这里说的可能性，是指客观上存在的市场空间相对较大，且上市期相对较长的情况下，如果工作方向、方式、方法对路，那么主动作为的成功概率将会更大，而不是认为荔枝产业有"躺赢"的机会。

（三）品牌培育资金扶持的产业应具备的特征

对于品牌培育方面的财政资金来说，扶持某个农业产业必须使该产业的单位面积或空间价值增加，并且产值的增量要远远大于品牌培育所投入的资金。虽然品牌培育要长期坚持，久久为功，但倘若 3～5 年后还不能使产业效益取得一定的增值，该笔（系列）品牌投入经费的绩效就要被打上一个大大的问号。因此，对于应该扶持什么样的产业，不能不认真思考，审慎决策。在笔者看来，能得到品牌培育资金扶持的农业产业应该具备以下特征：

1. 产业规模较大，从业者较多

这点不言而喻，只有规模大和从业者多，尤其是从业者相比其他产业更多，才符合财政资金让多数人而不是少数人受益的原则。至于多大面积才算大，多少人叫多，要由地方政府根据当地的实际情况做出判断，但具体到某个地方，某个产业是否属于大宗农产品，不难判断。

2. 产品附加值较高

由于品质、供求关系、消费能力等多种因素的影响，产品附加值经常会出现波动，而且波动空间可能还挺大，因此对于产品附加值的高低，要通过一个较长的周期来观测分析，并且与产品生产成本相比较做出判断。一般来说，经济作物比粮食作物附加值更高，特色产业比常规产业附加值更高。

3. 产业要有比较优势

根据经典的经济贸易理论，任何一个区域都会存在具有某种比较优势的要素或产业。具体到农业产业，这种比较优势，可能是特殊的生长环境，或者是更好的风味或功能，或者是更高的产量，或者是更低的成本，或者是更早或更晚的上市期，或者是拥有一个能迅速占据消费者心智的故事，等等。这种比较优势，能在面临同类产品竞争时拥有更为强大的壁垒和潜力。

4. "不可能三角"中有两项可以同时实现

大宗农产品在产量增长、价格提升与快速动销三个方面同时实现两项，既是产业发展的客观要求，也是从业者的主观期待。原因很简单，只有同时实现两项，该产业才能称得上强大，从业者才可能实现增收。但目前比较常见的是，在农产品销售期不能明显拉长的情况下，政府倾向于支持一个生产规模较大且处于扩张周期的产业，不是因为这样做是正确的，而是这样做是保险的——没有谁会反对政府支持本地规模靠前的产业。但这样做往往是错误的，根本原因就是忽视了农产品需求弹性较小，而消费市场又不能同步增长的困境。因此，如果假定投入品牌培育资金是为了提高农产品的售价，那么在上市销售总时长基本不变的情况下，对处于生产扩张周期的产业就要审慎投入甚至不予支持，否则可能会吸引更多的场外资本投资这个产业，从而放大价格波动的幅度，延长产业出清的周期，这样就与财政资金的投入初衷背道而驰了。

二、农业数据对品牌培育作用有限

农业数据与农产品品牌之间应该是怎样一种关系？这个问题，随着近年来两者分别成为社会热词，变成一个不但在理论上，而且在实践中也必须重视的问题。

从理论上来说，现代农业、品牌农业、互联网农业、数字农业、农业大数据等各种新概念、新提法层出不穷，让从事农业工作的人们在倍感新奇的同时如坠云雾之中，他们需要理清各种概念的内涵及不同概念之间的关系。

从实践上来说，在农业一线工作的人们清醒地认识到，按照农业特别是种植业的现状以及一般市场主体的资金投入程度，不大可能将农业大数据发展成为一项能产生现金流的独立业务，而至多作为其他业务的支撑。

（一）数据、产品与品牌的关系

要理清农业数据与农产品品牌的关系，首先必须明确，对消费者来说，农业领域产出的产品是什么，产品在市场上的形态又是什么？

从发达国家的现状来看，农业领域具有消费属性的产品，也就是能在消费市场上兑换为货币的还是农产品本身，产品的形态则是标准化、品牌化的农产品。确认了这个事实，数据、产品与品牌之间的关系就很清晰了：品牌是产品价值的表征符号，具有精神层面的属性，在对应具体的物质性产品的同时，相对于物质性产品又具有一定的独立性和超越性；数据具有物质层面的属性，来自产品及其环境且依附于它们而存在，对产品所标称的功能起到解释、说明或支撑作用；数据一般是以产品为中介与品牌间接产生联系，数据本身无法作为商品变现，但可以为实现品牌价值的产品功能提供解释、说明或支撑作用。

因此，数据与品牌之间隔着一个产品，数据的生成、获取、分析和展示等环节必须强化产品最突出的功能或赋予产品最独特的卖点，唯有如此，数据方能使产品增加或创新品牌价值。

（二）农业大数据公共平台对品牌培育用处不大

数据分为宏观数据和微观数据，大致对应的品牌类别分别是区域公用品牌和企业专用的产品品牌。从现实情况看，为区域公用品牌提供相关服务的数据方面的投资一般由政府承担，即使某些投入表面看起来是由企业出资，但多数情况下企业享受了很高比例的财政扶持等经费补助。由政府承担这方面的经费完全合理，因为无论是在理论上还是实践中，区域公用品牌培育的受益者是该区域某种产品的广大生产者和流通商，不存在向个别特定对象专门输送利益的情况，符合财政资金的支出原则，所以品牌培育相关的费用理应列入公共支出。

近年来，各地新建了不少按产业分类的农业大数据公共平台，这些平台的运营成效如何，因为没有第一手的评估资料，不好下结论。但从是否有利于区域公用品牌培育的角度来考察，是可以做一番分析，并且得出初步结论的。目前各地农业大数据平台所拥有的数据，大致有以下几类：一是温光水土气等农产品生长环境的数据，二是农产品用肥、用药等生产过程中的农资使用数据，三是农产品品质检测数据，四是农产品分布区域、面积和产量等数据，五是批发市场的产品价格数据，六是种植大户的有关信息，七是销售渠道的有关信息。

对于第一类数据，消费者并不需要了解得很详细，他只需要知道，该地是否适合出产某种物产。对于第二类数据，消费者不是科学家，他无法判断何种方案对农产品品质更好，只要农残不超标就行。至于第四、五、七类数据，严格来说，与普通消费者关系不大，因此对区域公用品牌的加分很有限。而第六类数据，如果只是公布种植户的姓名、电话号码和种植面积等几个硬邦邦的信息，消费者是无感的，但如果能发布一批区域公用品牌核心基地的匠人匠心故事，则效果会好很多。

上述七类数据当中，对产品品牌价值具有较大影响的，只有第三类的农产品品质检测数据，但这类数据在各地农业大数据平台中是比较欠缺的，且在实际应用中没有与区域公用品牌关联起来。还有一类数据对区域公用品牌价值较大，那就是消费者对于该区域公用品牌产品的消费行为及评价数据，遗憾的是，这类数据在各类农业大数据平台中基本是个空白。

归纳一下，对区域公用品牌培育有支撑作用的数据包含以下几类：一是产品品质检测数据，如果这些数据恰好能体现产品品牌希望突出的功能特点，则价值更大；二是消费者行为和评价数据，品牌的价值本来就包含了主体对于客体的感知、体验、评价与态度等因素，这类消费者数据的含金量比较高；三是区域公用品牌的匠人匠心故事，类似品牌代表人物的群英谱，这类故事对消费者是有一定感召力的。

回到建设农业大数据平台的出发点，政府的目的之一是不是为了助力区域公用品牌培育呢？这个不好确定。因此，不应该对这类大数据平台在支撑区域公用品牌培育方面的作用抱太大希望。

（三）市场主体建设生产性数据系统应审慎评估

对于企业使用自有资金从事数据方面的投资，需要生成、获取、分析和展示何种数据，从而有助于企业培育自己的产品品牌呢？在回答这个问题之前，需要注意一个普遍存在的事实，那就是企业一般会面临初期建设和后续运营资金的约束，因此，那些华而不实、性价比不高的数据类型不应该获得优先投资。对于企业专用的产品品牌来说，重要的数据类型同样也是三类：品质检测数据，用户消费行为和评价数据，与品牌有关的匠人匠心故事，此外还可以加上一类数据，那就是企业和产品所获得的荣誉。这些数据资料，根本不用搭建什么大数据平台，使用一个小程序，就可以集成所有这些资料。

有些种植基地花了不少钱，安装各种传感器和摄像头，为了获得光通量、空气温度和湿度、土壤温度和湿度、pH、EC 值等数据，以及监控作物生长情况等。在大棚种植的情况下，这些数据是有价值的，可以为及时启动自动化干预提供第一手参考信息。但在露天种植情况下，自动化干预措施严重不足，只有自动喷水增加土壤湿度等少数几项功能，在通过设备获得有关的实时信息后，仍然需要使用人力去干预，这类软硬件结合的数据系统在实际生产中所起的作用非常有限，有点花架子的性质。换言之，不能触发及时、有效干预的数据系统，对生产是没什么实际用处的。

回到投资的初衷上，如果安装这些硬件、软件是为了获取生产过程中的数据，就需要确保这些投入能从节省的人工等其他成本中得到补偿，或者从产品本身的品质提升和产量增长中获得回报，如果对此没有把握，而把希望寄托在产品的品牌溢价上，大概率是要失望的。因为这些光通量、空气温度和湿度、土壤温度和湿度、pH、EC值之类的数据，以及监控作物生长情况等行为，难以改变消费者对产品的感知、体验、评价和态度，与品牌价值之间的关系不够直接和明确，所能起到的作用可谓是微乎其微。

综上，对一线的生产基地来说，面对各种乱花渐欲迷人眼的新概念、新提法，必须擦亮双眼，紧扣投资回报率这条主线，审慎决策对于数据方面的投资，特别是要抛弃拥有生产端数据就能打造品牌利器等不切实际的幻想。

三、岭南鲜品：敢领天下鲜

经过近几年的专项工作，广东农产品品牌培育的四梁八柱——"两类三级"品牌体系已经搭建完成，并且在全社会初步形成了谈品牌、选品牌和买品牌的氛围。毋庸讳言，广东农产品品牌培育存在的问题也比较突出，主要体现在以下几个方面：一是在推介广东农产品时，推介的到底是什么？是推介一个个具体产品，还是推介广东形象？也就是说每个产品的特殊性和作为广东品牌的普遍性有无做到统一？广东农产品品牌的魂找准了没有？二是广东的农产品种类繁多，对外推介时能否优中选异，做到具有广东特色的差异化？因为没有差异化就不能称之为品牌。三是推介的对象应该聚焦哪些人群？以何种形式通过哪些渠道触达这些人群？

（一）广东特色农产品的品牌定位

笔者认为，广东农产品品牌推介接下来的工作，可以着重从以下几个方面入手：首先是提炼和设计广东农业的公共品牌形象。广东省，有粤、南粤、岭南等称呼，广东这个名称在消费者中的印象更多是工商业文明、经济强省，而粤、南粤只是一个简称，本身没有什么内涵，让消费者产生不了多少联想。相较而言，岭南两字在中国人的心目中，主要与农业文明联系在一起，有大量的诗文记载五岭以南的气候四季如春，大江大海、深山老林特别适合万物生长，时刻都有产出。因此，如果要提炼广东农业的公用品牌，用于概括区域的文字，"岭南"更胜"广东"一筹。确定了区域之后，接着是提炼品牌具有的共同特征和调性。广东人的饮食强调一个"鲜"字，这是广东农产品最突出的特点和最大的公约数，无论是食材选择、烹饪方式、还是饮食习惯、请客送礼，皆强调新鲜、原汁原味。

综上，"岭南鲜品"（或者叫"岭南鲜"）可以考虑作为广东整体的区域公用品牌名称，而且岭南和鲜品不是机械地组合在一起，恰恰相反，岭南为鲜品提供了气候、物候和文脉方面的支撑，鲜活是岭南食品留给国人最深刻的印象。品牌口号，可以考虑用"敢领天下鲜"。中国改革开放已经 40 多年，广东是改革开放的前沿阵地，"敢为天下先"的形象为国人熟知，如果在此基础上将"先"改为"鲜"，一是阐发了岭南鲜品的内涵和定位，二是借用已知的口号，大大降低了推广传播的成本。

（二）岭南鲜品的产品、消费群体与渠道特征

如果"岭南鲜品"得以成立，那么第二个问题，即重点推介哪些差异化的产品也就有了答案。广东的物产极为丰富，不一定所有的产品都符合鲜品的特征（不过，即使是不以新鲜为卖点的产品，

如腊味，广东的产品也比其他地方的要鲜美），所以在品牌塑造和推广的初期，对产品的选择要有所取舍，不符合鲜品特征的产品暂不纳入推介范围，加上考虑到"人无我有"的差异化，更需要精挑细选，突出广东特色。例如，梅县金柚、茂名荔枝、德庆贡柑、中山脆肉鲩、清远鸡、徐闻菠萝、郁南黄皮、罗定大米、英德红茶、潮州单丛等，这些产品既有鲜品特征，又有强烈的差异化，能惠及人数众多的农户，应纳入对外推介的重点目录，而不宜平均用力，眉毛胡子一把抓。在产品形态为鲜品的区域公用品牌基础上，再精选出产鲜品的经营专用品牌对外推介，让那些勇于开拓创新、带动能力较强的企业能够脱颖而出。

第三个问题，推介的对象应该聚焦哪些人群？以何种形式通过哪些渠道触达这些人群？三个问题中，只有这个问题得到解决，才能真正打开市场，创造效益。展开来说，如果品牌、产品都定位于鲜，那么人群和渠道也要定位于鲜，紧扣鲜字，一以贯之。其实，这几个鲜本来就是一体的，新鲜人群确实更钟爱新鲜食物，青睐新鲜渠道。什么是新鲜人群，字面意思指年龄较轻、学历较高，更重要的是品牌意识具有可塑性，对价格不太敏感。因此，那些品牌意识不强、对价格敏感的人群不应成为上述品牌推介的重点对象。

什么是新鲜渠道？肯定不包括针对 B 端（企业或商家）的批发市场，也肯定不是以老人为购物主力的社区农贸市场。考虑到品牌培育的前瞻性和长期性，品牌推介的对象可以适当下移，比如以农业科普的方式进入中小学课堂，这有助于树立未来消费者的品牌意识；让大学生代言来自家乡的农产品，也是同样的道理，通过他们影响他们的朋友圈——即将成为社会消费主力军的年轻人。在渠道方面，这几年尝试以名特优新产品整体入驻电商平台的方式进行推介，应继续坚持，如果能入驻 100 个以上的电商平台，将广东"两类三级"品牌的农产品集体入驻，并打上"岭南鲜品：敢领天下鲜"的推广口号，将会形成良好的品牌效应。对于这些平台的入驻费用，政府可以对入驻的供应企业进行补贴以示支持，或者根据销售额对供应企业给予奖励以减轻企业负担。线下方面，可以尝试结合新零售，进行整体入驻推介。另外，城市住宅小区的团购"团长"，也是值得开发的"新鲜渠道"，他们所代表的市民购买力和品牌意识很强，复购率及对区域品牌产品的认同程度也较高。

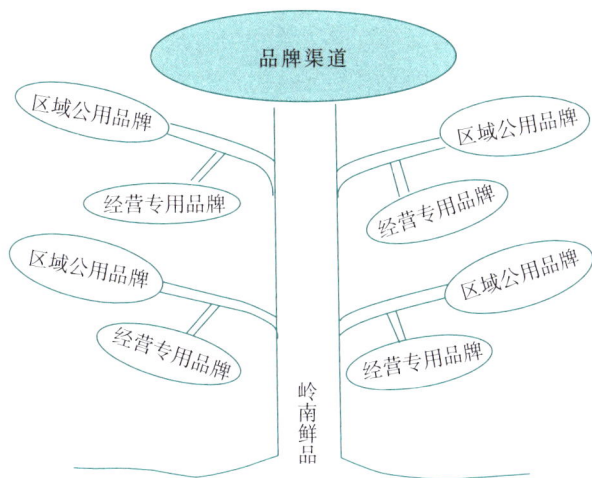

广东农业品牌树形图

总之，在品牌推介费用有限的情况下，应该聚焦广东的差异化和特色产品，对品牌、渠道、消费者和市场进行重新定位，然后一以贯之，持续做上5～10年，届时必将有一番新的景象。

（三）岭南鲜品的品牌推介路径

对于品牌推介路径，可以作如下分解：

（1）品牌推介的重点应该是区域公用品牌。 无论是从财政资金的属性和目标来说，还是从惠及最广大农户的角度而言，品牌推介工作的重点都应该是区域公用品牌，经营专用品牌只有附载在区域公用品牌上，才能得到政府专项资金的支持。至于经营专用品牌和区域公用品牌之间的关系，政府部门的有关文件中已有相关说明，不再赘述。

（2）区域公用品牌推介的重点，应该是具有广东特色且产值达到一定量级的区域品牌 这样既能代表广东的形象，又能惠及更多的农户。可以考虑，从几百个区域公用品牌当中，精选大约 100 个有特色、有产值并且有龙头企业带动的区域品牌，每年对外推介大约 30 个，用 3 年时间全部完成。如果 3 年后，这 100 个区域公用品牌的总产值、市场份额得到了较大幅度提升，如提升 30% 以上，则说明这个策略是成功的。

（3）对外推介区域公用品牌时，重点推介纳税能力强、带动能力强的经营专用品牌企业，5～10 家即可。 从政府—企业—农户的关系出发，考虑到财政资金的属性，政府的相关经费应该直接支持农户，但现实是农户往往缺乏品牌推广能力，导致资金使用效能较低。因此可以考虑支持纳税能力强、带动能力强的龙头企业，这些企业具有一定的正外部性，能惠及与企业合作的农户。

（4）推介区域公用品牌中的龙头企业时，应优先考虑线上渠道和新零售渠道 一般来说，一个企业之所以能成为龙头企业，在传统销售渠道方面可能已经有一定的布局和销量，若要继续扩大它的市场份额，则必须占领新渠道——各种线上渠道和新零售渠道，比如入驻 100 个电商平台和 100 个新零售店面。为了鼓励这些企业进入新渠道，政府可以借助专门的第三方帮助这些企业进驻，并补贴入驻费用。

（5）向新鲜人群这类消费者推介时，应更加注重农产品之外的文化、情感、科技、时尚等元素的表达 在营销主线方面，策划以消费者为中心的 20 个节庆营销活动，特别是利用好已有的能让消费者产生情感共鸣的节庆，而不是以产品为中心去推介。农业供给侧结构性改革，更多的是由消费端倒逼引起的。以农产品为例，消费端已经在变化，供给侧如果固守物美价廉、性价比高等产品本身的特质，而不去开发和传递消费者愿意付费的产品附加值，如文化、情感、科技、时尚等元素，则行之不远。当然，让消费者参与、互动、分享的工作，有相当一部分要交给新型渠道去完成，可以采取新鲜人群所喜闻乐见的视频、直播等形式，一方面发放消费券促进消费，另一方面则按平台销售额对销售渠道进行奖补等。

品牌推介行动

工作内容	重点	数量	政府支持
广东品牌推介	区域公用品牌	100 个，每年大约 30 个	专项经费，按产值
区域公用品牌推介	经营专用品牌的龙头企业	5～10 家	专项经费，按纳税
渠道对接	线上渠道、新零售	各 100 个	补贴入驻费用
消费者推介	文化、情感等附加值	以消费者为中心的 20 个节庆营销	消费券

参考文献

阿尔·里斯，劳拉·里斯，2002. 打造品牌的 22 条法则［M］. 周安柱，译.
上海：上海人民出版社.

阿尔·里斯，劳拉·里斯，2004. 公关第一，广告第二［M］. 罗汉，虞琦，
译. 上海：上海人民出版社.

阿克，2005. 品牌组合战略［M］. 雷丽华，译. 北京：中国劳动社会保障出版社.

艾·里斯，杰克·特劳特，2017. 定位：争夺用户心智的战争（经典重译版）
［M］. 邓隆德，火华强，译. 北京：机械工业出版社.

艾·里斯，劳拉·里斯，2023. 品牌的起源：品牌定位体系的巅峰之作［M］.
寿雯，译. 北京：机械工业出版社.

艾·里斯，劳拉·里斯，张云，2019. 21 世纪的定位：定位之父重新定义"定
位"［M］. 寿雯，译. 北京：机械工业出版社.

奥格威，2008. 一个广告人的自白［M］. 林桦，译. 北京：中信出版社.

奥美公司，2006. 奥美观点精选（品牌卷）［M］. 北京：中国市场出版社.

陈春花，2012. 经营的本质［M］. 北京：机械工业出版社.

戴维·阿克，2014. 品牌相关性：将对手排除在竞争之外［M］. 金珮璐，译.
北京：中国人民大学出版社.

蒂尔，马斯特斯，2015. 从 0 到 1：开启商业与未来的秘密［M］. 高玉芳，
译. 北京：中信出版社.

傅泽田，张领先，李鑫星，2015. 互联网＋现代农业：迈向智慧农业时代
［M］. 北京：电子工业出版社.

龚焱，2014. 精益创业方法论［M］. 北京：机械工业出版社.

韩志辉，2007. 创造附加值［M］. 北京：北京大学出版社.

何天富，1999. 中国柚类栽培［M］. 北京：中国农业出版社.

侯建文，朱叶芹，2009. 园艺植物保护学［M］. 北京：中国农业出版社.

胡晓云，2013. 品牌价值评估研究：理论模型及其开发应用［M］. 杭州：浙江大学出版社.

胡泳，2007. 张瑞敏谈管理［M］. 杭州：浙江人民出版社.

华杉，华楠，2019. 超级符号原理［M］. 上海：文汇出版社.

黄兰，唐铄，徐先鸿 .2017. 视觉传达设计专业教育研究与教学实践［M］. 广州：暨南大学出版社.

霍尔库姆，2015. 奥地利学派的大师们［M］. 李杨，王敬敬，董子云，译 . 北京：清华大学出版社.

霍普金斯，2010. 科学的广告［M］. 邱凯生，译 . 北京：华文出版社 .

杰克·特劳特，2017. 显而易见：终结营销混乱（经典重译版）［M］. 邓隆德，火华强，译 . 北京：机械工业出版社.

凯文·莱恩·凯勒，2021. 战略品牌管理（全球版）［M］. 4 版 . 王海忠，陈增祥，译 . 北京：中国人民大学出版社.

凯文·希姆勒，罗宾·汉森，2020. 脑中的大象［M］. 王绍祥，译 . 北京：中信出版社.

科特勒，凯勒，2009. 营销管理［M］. 13 版 . 王永贵，等，译 . 上海：格致出版社.

拉里·莱特，琼·基顿，2021. 重塑品牌六法则［M］. 陈建林，李婷，译 . 长沙：湖南科学技术出版社.

蓝云，左文明，2020.《电子商务法》解读与农业电商实务 10 讲［M］. 广州：南方日报出版社.

劳拉·里斯，2016. 视觉锤：视觉时代的定位之道［M］. 王刚，译 . 北京：机械工业出版社.

黎万强，2014. 参与感：小米口碑营销内部手册［M］. 北京：中信出版社.

李光斗，2019. 故事营销：全新修订版［M］. 2 版 . 北京：机械工业出版社.

娄向鹏，2019. 品牌农业 3：农产品区域品牌创建之道［M］. 北京：中国发展出版社.

伦纳德·蒙洛迪诺，2018. 思维简史：从丛林到宇宙［M］. 龚瑞，译. 北京：中信出版社.

尤瓦尔·赫拉利，2014. 人类简史：从动物到上帝［M］. 林俊宏，译. 北京：中信出版社.

罗伯特·J. 多兰，赫尔曼·西蒙，2010. 定价圣经［M］. 董俊英，译. 北京：中信出版社.

马丁·林斯特龙，2016. 感官品牌：隐藏在购买背后的感官秘密［M］. 赵萌萌，译. 北京：中国财政经济出版社.

马克，皮尔森，2003. 很久很久以前：以神话原型打造深入人心的品牌［M］. 许晋福，戴至中，袁世珮，译. 汕头：汕头大学出版社.

曼昆，2003. 经济学原理（上册，下册）［M］. 3版. 梁小民，译. 北京：机械工业出版社.

乔纳·伯杰，2017. 传染：塑造消费、心智、决策的隐秘力量［M］. 李长龙，译. 北京：电子工业出版社.

乔纳·伯杰，2020. 疯传：让你的产品、思想、行为像病毒一样入侵（经典平装版）［M］. 乔迪，王晋，译. 北京：电子工业出版社.

舒尔茨，2005. 唐·舒尔茨论品牌［M］. 高增安，赵红，译. 北京：人民邮电出版社.

谭明详，涂先智，李雷鸣，2017. 动画专业教育研究与教学实践［M］. 广州：暨南大学出版社.

唐·E. 舒尔茨，等，2015. 重塑消费者：品牌关系［M］. 沈虹，郭嘉，等，译. 北京：机械工业出版社.

特劳特，里夫金，2011. 与众不同：极度竞争时代的生存之道（珍藏版）［M］. 火华强，译. 北京：机械工业出版社.

叶茂中，2007. 叶茂中的营销策划［M］. 北京：中国人民大学出版社.

张卫国，陈明，樊霞，等，2020. 产业崛起：兴业扶产实践与创新［M］. 广州：华南理工大学出版社.

张永诚，1998. 事件行销100：造势成功的100个EVENT［M］. 广州：广州出版社.

赵善欢，2000. 植物化学保护 [M]. 3 版. 北京：中国农业出版社.

赵义涛，姜佰文，梁运江，2009. 土壤肥料学 [M]. 北京：化学工业出版社.

中国柑橘学会，2008. 中国柑橘品种 [M]. 北京：中国农业出版社.

钟静，2007. 经典广告案例新编 [M]. 北京：经济管理出版社.

周鸿祎，2014. 周鸿祎自述：我的互联网方法论 [M]. 北京：中信出版社.

图书在版编目（CIP）数据

爆款农特产实战手册 / 毛志勇，易旸，周晓风著
. —北京：中国农业出版社，2024.10
ISBN 978-7-109-31696-6

Ⅰ.①爆… Ⅱ.①毛… ②易… ③周… Ⅲ.①特色农
业—农产品—产业发展—研究—中国 Ⅳ.①F724.72

中国国家版本馆 CIP 数据核字（2024）第 014179 号

中国农业出版社出版
地址：北京市朝阳区麦子店街 18 号楼
邮编：100125
责任编辑：郭　科
版式设计：王　晨　　责任校对：张雯婷
印刷：中农印务有限公司
版次：2024 年 10 月第 1 版
印次：2024 年 10 月北京第 1 次印刷
发行：新华书店北京发行所
开本：880mm×1230mm　1/32
印张：7.25
字数：201 千字
定价：58.00 元